AF250262

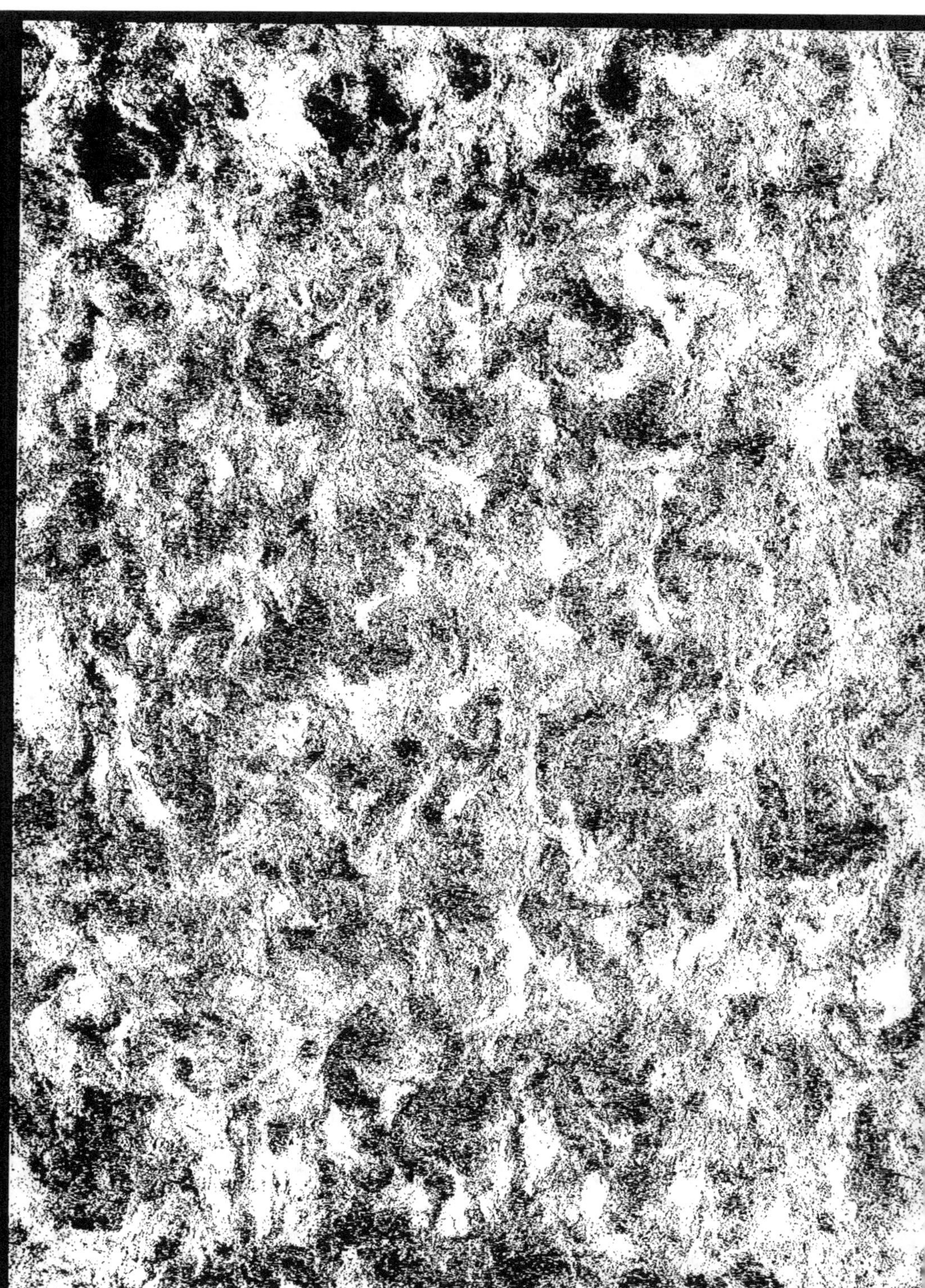

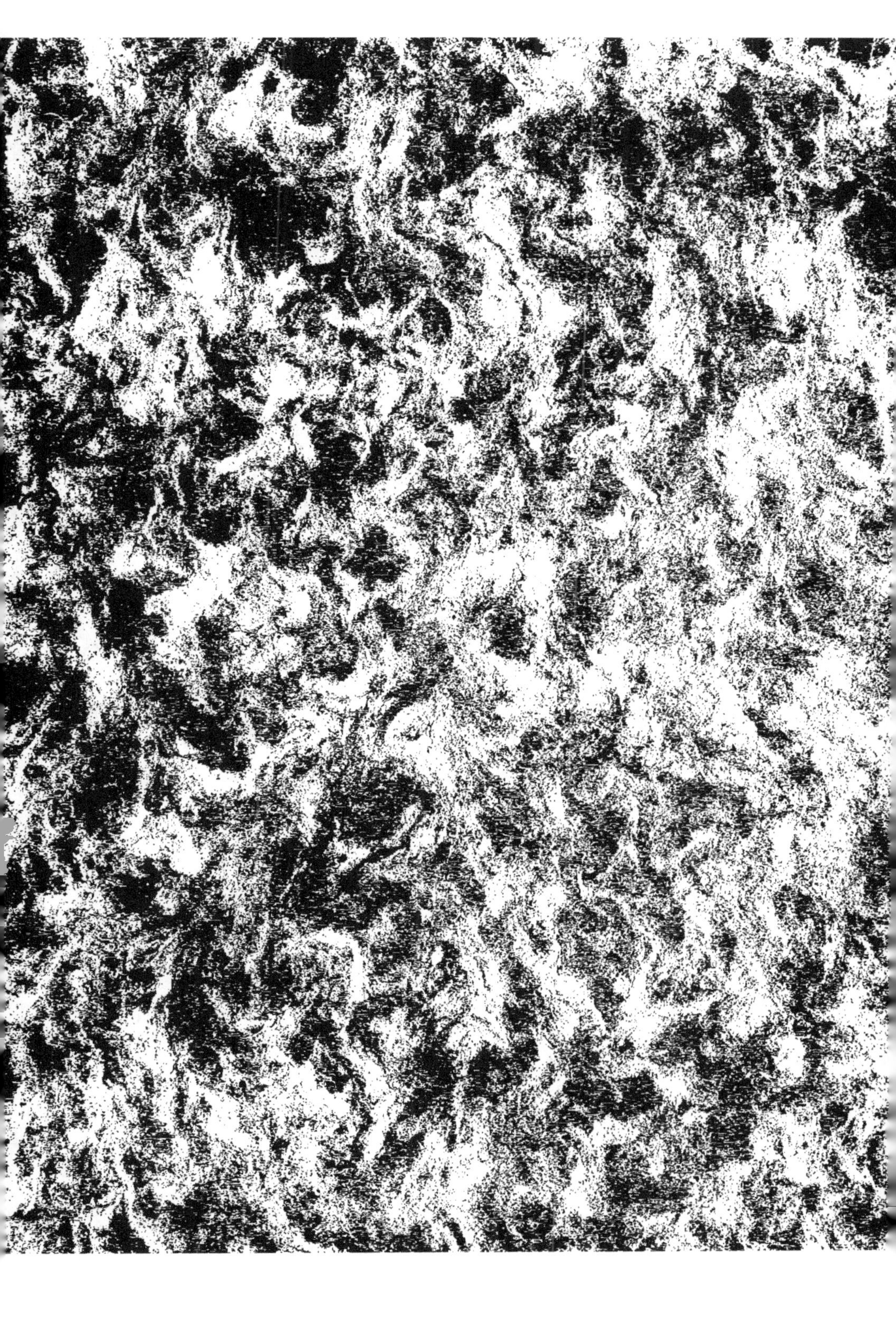

UN INVENTAIRE

SOUS

LA TERREUR

ÉTAT DES INSTRUMENTS DE MUSIQUE

RELEVÉ CHEZ LES ÉMIGRÉS ET CONDAMNÉS

PAR A. BRUNI

L'un des Délégués de la Convention

INTRODUCTION, NOTICES BIOGRAPHIQUES ET NOTES

PAR

J. GALLAY

PARIS

GEORGES CHAMEROT, IMPRIMEUR-ÉDITEUR

19, RUE DES SAINTS-PÈRES, 19

1890

UN INVENTAIRE

SOUS

LA TERREUR

TIRAGE A 300 EXEMPLAIRES

NUMÉROTÉS A LA PRESSE

N°s 1 à 100. — Exemplaires sur papier de Hollande.

N°s 101 à 300. — Exemplaires sur papier vélin du Marais.

N^o

UN INVENTAIRE

SOUS

LA TERREUR

ÉTAT DES INSTRUMENTS DE MUSIQUE

RELEVÉ CHEZ LES ÉMIGRÉS ET CONDAMNÉS

PAR A. BRUNI

L'un des Délégués de la Convention

INTRODUCTION, NOTICES BIOGRAPHIQUES ET NOTES

PAR

J. GALLAY

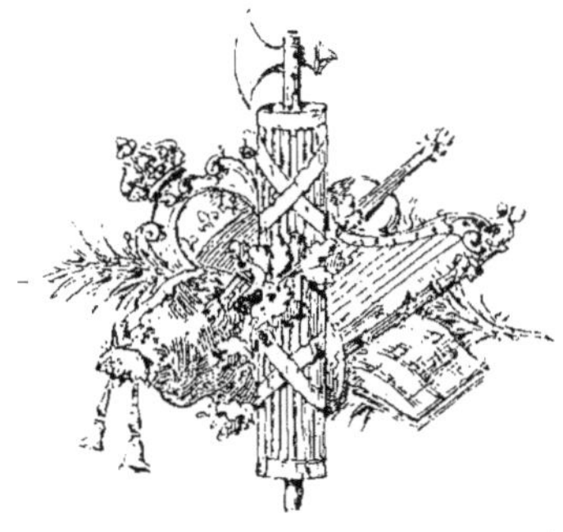

PARIS

GEORGES CHAMEROT, IMPRIMEUR-ÉDITEUR

19, RUE DES SAINTS-PÈRES, 19

1890

A Léon Pillaut,

Conservateur du Musée instrumental
du Conservatoire de musique.

Souvenir affectueux.

AVANT-PROPOS

Le hasard d'une conversation sur les mœurs musicales de la
France avant la Révolution nous a fait connaître un document que
nous croyons assez ignoré. Nous ne voulons pas en exagérer l'importance, mais peut-être offrira-t-il quelque intérêt aux musiciens
et aux curieux qu'attire toujours la recherche des choses du passé.
Nous en devons l'indication à M. Germain Bapst, qui a eu si souvent la main heureuse dans ses propres recherches archéologiques.

Il s'agit d'un inventaire relevé aux Archives Nationales, contenant *la liste des instruments de musique saisis chez les Émigrés et
Condamnés, et mis en réserve pour la Nation par la Commission temporaire des Arts, depuis son établissement par Bruni* [1].

Cette pièce nous fournit des renseignements curieux dans sa
partie technique, et nous présente un des côtés assez négligés
jusqu'ici de la sombre tragédie, l'effort de quelques esprits modé-
rés, encore épris du culte des lettres et des arts, et soucieux d'ar-

1. Bruni (Antonio-Bartholomeo), élève de Pugnani, violoniste à la Comédie
italienne et au théâtre de Monsieur (1789).

racher aux iconoclastes d'un nouveau genre ce qui restait intact des richesses d'art de la France.

Au milieu du vaste naufrage, quelles épaves ont surnagé? quelles voix, éloquentes et émues, se sont élevées, au nom de la patrie et du bon sens, contre cette fureur de détruire et ce parti-pris de faire table rase de tout ce qui constituait notre patrimoine intellectuel? L'enquête assurément est digne de tenter la curiosité contemporaine, et les Archives Nationales, en nous livrant chaque jour leurs secrets, montrent que le dédain des choses de l'art n'a pas été aussi absolu qu'on pense, ni le silence aussi général qu'on peut le supposer. Le document que nous remettons aujourd'hui en lumière témoigne, par exemple, d'un souci assez inattendu dans des temps si profondément troublés. Commencé le 13 floréal an II, et terminé le 29 thermidor an III, le travail de Bruni est resté nécessairement incomplet. En le reproduisant, malgré sa sécheresse et de nombreuses attributions apocryphes, nous avons essayé de le compléter par de courtes notes techniques, en vue de sauver de l'oubli les noms d'anciens facteurs en réputation à cette époque, et que l'orthographe fantaisiste de Bruni ou d'un copiste illettré a trop souvent défigurés.

Il convient de rappeler brièvement les mesures qui amenèrent l'émigration et l'abandon par la noblesse française de tant d'objets précieux dispersés par la tempête révolutionnaire.

Dès avril 1791, il avait été enjoint à tout citoyen qui avait quitté la France de rentrer sans délai, sous peine d'une triple contribution [1]. Bientôt cette mesure était rapportée, et le bannissement, la déportation et même la peine de mort étaient édictés contre les émigrés [2]. En même temps, la Convention déclarait leurs propriétés *biens de la nation*. Par d'autres décrets, elle en prononçait successivement la confiscation. Entre temps, on re-

---

1. Décret du 1er avril 1791.

2. Décrets des 1er avril et 14 septembre 1791 ; — Code pénal de la Constituante ; — Décrets des 19 octobre, 23 octobre, 9 février, 14 août et 2 septembre 1792.

connut la nécessité de protéger contre les déprédations inévitables non seulement les édifices publics, mais encore les objets d'art saisis dans les palais, les églises et dans les demeures des émigrés[1].

Les décrets des 14 août, 13 et 19 octobre 1792 instituèrent et réglementèrent une *Commission dite des Monuments*. Elle se composait de trente-trois membres, dont six siégeaient sur les bancs de la Convention : Guyton, David, Camus, Barrère, Dussaulx et Sergent. Les autres membres titulaires étaient : Amilhou, l'abbé Barthélemy, Boizot, Bréquigny, Broussonnet, Cossard, Courtois, Dacier, Debure, Lemonnier, Desmarest, Dormesson, Doyen, Dufourny, Leblond, Masson, Mercier, Munier, Mouger, Mouchi, Mulot, Pajou, Poirier, Putod, Regnaud et Vandermonde.

Barthélemy, Bréquigny, Leblond, Poirier, Dacier, Amilhou, faisaient partie de l'ancienne Académie des belles-lettres ; Moreau, Mouchi, Pajou, Regnaud, Doyen et Boizot avaient appartenu à l'Académie de peinture ; Lemonnier, Broussonnet, Meunier, Vandermonde et Desmarest étaient membres de l'ancienne Académie des sciences.

Les autres commissaires semblent dépourvus de titres spéciaux pour procéder au triage et à l'appréciation d'objets d'art, tableaux, statues et vases précieux dignes d'être conservés. On organisa plusieurs dépôts : le premier au Louvre (décrets des 19 et 21 novembre 1792) ; le second, le plus important de tous, dans les couvents des ci-devant *Petits-Augustins* (décrets des 18 et 19 octobre 1792). Trois autres dépôts furent ouverts pour les livres et les manuscrits aux *Capucins Saint-Honoré*, aux *Grands Jésuites de la rue Saint-Antoine* et aux *Cordeliers*. Le dépôt de la rue Bergère (les *Menus-Plaisirs*) fut plus spécialement affecté à la garde des instruments de musique.

On sait que le dépôt provisoire des *ci-devant Petits-Augustins* fut sauvé d'une destruction certaine par le dévouement et l'intel-

---

1. Voir le Rapport de l'abbé Grégoire à la Convention et le tableau saisissant d'une partie des actes de vandalisme accomplis.

ligence de Lenoir. Cet artiste, doublé d'un savant, sauvegarda ainsi d'inestimables richesses.

« Ce ne fut pas sans peine, dit M. Spire-Blondel, dans son intéressante étude sur *l'Art pendant la Révolution,* que Lenoir réussit à réunir ce trésor de l'art historique. Grâce au zèle de la Commission et en s'appuyant surtout sur le décret de la Convention du 24 octobre 1793 qui défend de détruire et de mutiler les monuments sous prétexte d'en faire disparaître les signes de la féodalité, Lenoir parvint à recueillir de quatre à cinq cents objets d'art, qu'il classa dans un ordre chronologique [1]... »

On verra plus loin que les autres dépôts, — celui des *Menus-Plaisirs* entre autres, — n'ont pas eu pareille fortune.

Quoi qu'il en soit, au milieu du désordre inévitable où opéraient des mandataires désignés à la hâte, on devine quel put être le sort de fragiles instruments de musique que des décrets tardifs avaient tenté de protéger contre la destruction. Fort peu d'entre eux trouvèrent d'ailleurs une retraite assurée dans ces premiers dépôts ouverts à la hâte, où tout se faisait sans ordre, sans classement, et dont la garde était souvent confiée à des surveillants sans scrupules. Les soustractions et les remplacements eurent alors beau jeu, sans parler de ces *bons en nature* que les fournisseurs militaires tiraient sur le mobilier de la Couronne. Quelques années plus tard, rappellerons-nous les scandaleux encans du Directoire, les ventes des condamnés, des émigrés, des confisqués, des ruinés; ce Paris décrit par MM. de Goncourt dans le tableau de *la Société française pendant le Directoire :* « La grande ville n'est plus qu'un vaste encan où domine la voix des crieurs. Qui veut des hôtels? qui veut des meubles? Les experts de tableaux et d'objets d'art ne suffisent plus aux catalogues. C'est la liquidation de la guillotine [2]. »

---

1. Le *Dépôt des Petits-Augustins* fut converti plus tard en Musée des Monuments français (13 fructidor an III.)
2. De Goncourt, *La Société française pendant le Directoire.*

La Commission des Monuments, instituée le 4 août 1792, fut remplacée, le 13 floréal an II, par la *Commission temporaire des Arts*, sur la proposition de Mathieu. On verra que l'ancienne Commission, malgré sa spécialité, fut souvent appelée à se prononcer sur des questions qui touchaient aux instruments de musique et à leur conservation ; telles, par exemple, les mesures à prendre pour protéger les grandes orgues contre des actes d'une véritable sauvagerie. C'était préparer la tâche de la nouvelle institution.

En parcourant les registres de l'ancienne Commission, nous voyons : « Qu'il y a inconvénient, sans aucun avantage, à enlever les soufflets d'orgues des églises, attendu que les orgues éprouvent de la dégradation par le déplacement des soufflets, qui sont peu propres d'ailleurs au service des forges. Les citoyens Grégoire et Varon sont chargés de se rendre auprès du Comité de salut public pour lui communiquer cette observation. » (Procès-verbal du 10 germinal an II de la République.)

Plus loin : « Il est enjoint au département de défendre la vente de tout instrument de musique ou d'ouvrage de musique provenant du mobilier des émigrés. » (30 ventôse.)

. . . .

« Le sieur Mélard fait son rapport sur la conservation des *orgues de Paris*, et la Commission arrête que le département sera invité à faire surseoir à leur vente ; un extrait de cet arrêté lui sera envoyé. Elle charge le rapporteur de se transporter dans les différentes sections de Paris où se trouvent ces jeux pour aviser aux moyens de les garantir de toute dégradation en les faisant couvrir des anciennes toiles destinées à cet usage. Les citoyens Dallery et Cliquot, facteurs de ces instruments, doivent se concerter et aviser à leur conservation. »

On dresse la liste des jeux d'orgues les plus complets : *Notre-Dame, Saint-Sulpice, Saint-Merry, Saint-Germain-l'Auxerrois, Saint-Victor, Saint-Paul, Saint-Nicolas-des-Champs, Saint-Roch, Saint-Germain-des-Prés, Saint-Thomas-d'Aquin, Saint-Étienne-*

du-Mont, Saint-Laurent, Saint-Louis-en-l'Isle, Saint-Médard, Saint-Jacques-du-Haut-Pas, Saint-Nicolas-du-Chardonnet, Saint-Augustin, Saint-Leu, Saint-Gervais. » (20 germinal.)

« Les commissaires Molard, Proni et Charles sont chargés de faire un rapport sur les *orgues* à conserver. Ce rapport doit être adressé au Comité de salut public. » (25 germinal.)

« Lecture est donnée d'un arrêté du Comité de salut public, par lequel il autorise les professeurs de l'*Institut national de Musique* à se transporter avec les commissaires du département dans les maisons d'émigrés et de condamnés pour y choisir les meilleurs instruments de musique et les faire servir à l'usage de l'Institut[1]. »

On décide ensuite :

« Qu'il sera écrit au Comité de salut public pour lui observer (*sic*) que la Commission temporaire des Arts s'occupe journellement de l'inventaire et du transport dans un dépôt de tous les instruments de musique qui se trouvent dans les maisons des émigrés et des condamnés, et que c'est dans ce dépôt que les professeurs de l'Institut national de musique trouveront les instruments dont ils peuvent avoir besoin. » (10 floréal.)

Suivent les noms des citoyens proposés au département comme estimateurs.

Deux noms seulement sont inscrits pour la musique, et, comme le mandat des experts implique des connaissances variées, la Commission y pourvoit par l'adjonction d'un assez grand nombre de délégués appartenant à diverses spécialités. La liste est longue; mais, à l'exception des peintres et des sculpteurs désignés, dont les avis pouvaient être utiles en matière de décoration ou de sculpture, les autres commissaires, pris dans les sections de botanique, de minéralogie, de physique, d'anatomie et de chimie, ne pouvaient rendre des services appréciables à Cousineau et à Leduc; ceux-ci spécialement désignés à titre de musiciens.

---

1. Il s'agit ici de « l'Institut musical » dont Gossec et Sarrette étudiaient la formation, et qui fut la base du Conservatoire de musique. (V. *Appendice.*)

Cousineau était à la fois professeur de la Reine, facteur de harpes et marchand de musique. L'inventaire de Bruni enregistre plusieurs de ces instruments. Leduc était violoniste, membre du Concert spirituel et du Concert d'amateurs. Il avait fondé un magasin de musique, le plus important de l'époque. Les citoyens Julliot et Lignereux étaient préposés, l'un aux antiquités et aux bronzes, le second aux meubles précieux. Deux architectes, Bernard et Fouquet, figuraient également dans cette Commission.

Les procès-verbaux sont intéressants à feuilleter. On verra qu'ils préparent le travail de la Commission qui devait lui survivre. Bruni, par exemple, présente une partie de l'inventaire d'instruments de musique, « *mis par lui en réserve pour la Nation et relevé chez l'émigré Chabert, rue du Grand-Chantier* ». Dans la troisième saisie, opérée chez le marquis Chabert de Cogolin, on remarquera le nombre et la diversité des instruments recueillis : deux violons d'Amati, un autre de Steiner, plusieurs pianos de facture anglaise, des flûtes, des mandolines et des vielles. Chez l'émigré Debain (saisie 85), on relèvera jusqu'à dix-huit instruments.

Le 25 floréal, l'agent national près le district de Cadillac demande *s'il doit faire convertir deux jeux d'orgues en matière propre au service des armes* (*sic*). La Commission des Arts arrête : « Qu'il sera répondu à l'administration de ce district dans le sens de l'arrêté du 10 floréal pour la conservation des orgues qui auraient plus de quatre pieds ».

« Sur l'exposé d'un membre, que la musique et les instruments de musique qui se trouvaient dans différentes maisons d'émigrés ou condamnés avaient été transportés au département, la Commission décide que le département sera invité à donner à Bruni communication des dépôts de musique et instruments qui sont à sa disposition, et, le 25 messidor, Bruni dépose sur le bureau les inventaires de musique relevés chez les émigrés Caumont La Force et Gilbert (25 messidor), chez La Borde, Thiron-Mondésir, Maubec, Clermont d'Amboise, Grimm, Gougenot (condamné) et Maillebois[1]. » (20 thermidor an II.)

Le 20 fructidor :

« La *Commission de Commerce et Approvisionnements de la République* informe celle des Arts qu'il a été retiré par le district d'Autun un superbe clavecin qui faisait partie du mobilier de l'émigré Quarré. On demande si cet instrument doit être retenu en France comme pièce d'art, et, dans ce cas, elle attend des ordres en conséquence. »

L'avis est renvoyé à Bruni.

Suit une demande « de changer l'orgue du Panthéon » : elle est renvoyée à la Commission temporaire des Arts par le Comité d'Instruction publique. Lannoy, de la section d'architecture, et Bruni feront exécuter le déplacement, s'ils n'y trouvent pas d'inconvénient. » (5 vendémiaire.)

La Commission de Commerce et Approvisionnements fait part des mesures prises pour faire transporter d'Autun dans le dépôt de musique à Paris le superbe clavecin provenant du mobilier de l'émigré Quarré[2].

Plus loin, Bruni dépose l'inventaire des instruments de musique mis en réserve chez le condamné Brignard et chez l'émigré Morel.

. . . .

Nous avons dit que la Commission des Monuments avait fait place à la *Commission temporaire des Arts ;* ajoutons que l'honneur de cette fondation revient tout entier à l'abbé Grégoire. Sous le coup de sa patriotique adjuration, l'Assemblée avait voté à l'una-

---

1. Tous ces noms reparaîtront dans l'état dressé par Bruni, avec la liste détaillée des instruments saisis.

2. Cette délibération était digne d'attention; mais il ne paraît pas que Bruni ait mentionné ce transport. Les différents catalogues que nous avons consultés ne nous ont rien appris à ce sujet.

nimité les conclusions du rapporteur. De son côté, Lakanal avait éloquemment appuyé sa proposition.

En relisant aujourd'hui ces courageux plaidoyers, on se demande comment ce pacte ébauché avec la modération a pu rester stérile et ne produire qu'une éclaircie passagère. C'est que les meilleurs eux-mêmes subissaient la fièvre d'injustice et de destruction qui sévissait alors; témoin Fourcroy, un grand esprit, célébrant, dans le style du temps, « l'union fraternelle des sciences et des arts, trop longtemps séparés par des préjugés barbares, divisés par le despotisme, soumis à des formes qui comprimaient de toutes parts les élans de l'imagination, brisant enfin les fers que l'esclavage leur préparait sous le voile trompeur de la protection »[1].

Nous n'avons pas à répondre à cette accusation d'esclavage, inattendue de la part d'un homme de la valeur de Fourcroy : la thèse nous éloignerait quelque peu de notre inventaire. Il nous suffira de rappeler des noms d'artistes, l'honneur du siècle dernier : les Watteau, les La Tour, les Boucher, les Vanloo, les Fragonard et tant d'autres créateurs d'œuvres d'une si charmante inspiration. N'insistons pas ; la cause, d'ailleurs, mériterait d'autres avocats.

La *Commission temporaire des Arts* était chargée *d'inventorier et de réunir dans des dépôts convenables les livres, les instruments et autres objets des sciences et des arts propres à l'instruction publique.* Ces mesures furent-elles prises avec toute la circonspection désirable, et les agents chargés de leur exécution, pour la plupart ignorants et grossiers, apportèrent-ils tous les soins désirables dans l'exécution de leur mandat? La vérité est que les triages et les classements judicieux n'étaient guère possibles dans ces temps enfiévrés : de là, des pertes regrettables et de

---

1. Discours sur l'état actuel des Sciences et des Arts de la République française, prononcé à l'ouverture du Lycée des Arts, le dimanche 7 avril 1793, *an II de la République*, par A.-F. Fourcroy, et imprimé par ordre du Conseil général.

graves avaries résultant de l'humidité des locaux choisis sans tenir compte des intempéries des saisons.

La Commission des Arts était subdivisée en onze sous-commissions. Dans la onzième figuraient Sarrette et Bruni, préposés à la rédaction d'un *Inventaire des instruments anciens et étrangers, ou les plus rares, par leur perfection, entre les instruments anciens et modernes.* (Décret du 8 pluviôse an II.)

Le choix de Bruni pouvait s'expliquer : chef des violons au Théâtre Italien, compositeur à ses heures, peut-être se recommandait-il par quelques autres connaissances. Cependant rien dans le travail qu'il a signé ne révèle les connaissances techniques qu'on était en droit de réclamer d'un expert, ni même le moindre sentiment de l'art. Les estimations qu'il inscrit ont souvent lieu de surprendre de la part d'un artiste qui méconnaît la valeur des instruments italiens, déjà en faveur à cette époque, au profit de luthiers français peu connus alors et justement oubliés aujourd'hui. Un autre délégué, un luthier par exemple, était plus qualifié pour cette tâche. On peut aussi regretter que la collaboration de Sarrette[1], désigné par sa notoriété, n'apparaisse ici en aucun endroit. Adjoint à Gossec[2], Sarrette posait, en ce même temps, les bases de l'*Institut musical,* d'où devait sortir notre Conservatoire national.

Établi sans indications d'origines, aggravé d'attributions apocryphes, le document que nous a laissé Bruni ne répond ni à l'esprit, ni à la lettre du décret du 8 pluviôse an II. Un musicien plus compétent, ou seulement plus amoureux de son art, tel autre chef d'orchestre, devant un programme si nettement tracé, se serait peut-être mieux acquitté de son mandat : Mestrino[3], par

1. SARRETTE (Bernard), 1765-1858, organisateur de la musique de la Garde nationale en 1789, avait fondé la première école gratuite, depuis l'Institut national de musique, d'où sortirent les corps de musique militaire envoyés aux quatorze armées de la République. (V. *Appendice.*)

2. GOSSEC (François-Joseph), né à Vergnies (Hainaut), en 1733, fut le véritable créateur de la symphonie instrumentale en France.

3. MESTRINO, excellent violoniste, chef d'orchestre au Théâtre Italien.

exemple, Puppo[1] ou La Houssaye[2]; — Puppo surtout, connu par la passion qu'il avait pour son instrument.

Sans souligner davantage le défaut de compétence de Bruni, nous reconnaissons que cet inventaire, malgré ses lacunes et sa sécheresse, nous renseigne, dans une certaine mesure, sur le goût musical du temps chez les grands seigneurs et chez les financiers; parfois aussi il nous révèle chez un simple bourgeois un véritable matériel d'orchestre. On y célébrait, comme sur les scènes des Petites-Maisons, ces légers opéras-comiques, ou plutôt ces comédies à ariettes, aux livrets bâtis sur une pointe d'aiguille, dont l'exécution était accessible aux talents des amateurs. Le goût inclinait vers ce genre aujourd'hui démodé, ces cantates à plusieurs voix qu'on peut consulter à la Bibliothèque Nationale, œuvres de compositeurs italiens ou français et qui forment une douzaine de volumes environ; c'était là le véritable répertoire de la musique de chambre du xviii siècle : les salons en raffolaient.

Nous avons relevé, à ce propos, un document qui fixe le moment où les morceaux de bon style s'introduisirent dans les plaisirs des particuliers. Les *Dons de Latone*, ouvrage d'un certain de Serre (1757), relate que M. Mathieu, curé de Saint-André-des-Arts pendant plusieurs années du siècle dernier, avait établi chez lui un concert toutes les semaines. On n'y chantait que de la musique latine composée en Italie par les plus grands maîtres : Luigi, Rossi, Cavalli, Carissimi à Rome, Colonna à Bologne, Stradella à Gênes, Bassani à Ferrare. Ces maîtres avaient triomphé du goût flamand qui avait sévi pendant plus de cent ans. « C'est par le curé de Saint-André-des-Arts que ces beaux ouvrages, ajoute de Serre, ont été connus pour la première fois à Paris. »

1. Puppo (Joseph), né à Lucques (1749), mort à Florence en 1827; chef à l'orchestre italien à la mort de Mestrino, puis à Feydeau et au Théâtre Français de la République.
2. La Houssaye, violoniste distingué, élève de Pagin, puis de Tartini; violon-solo du comte de Clermont. Il fut nommé, lors de la fondation du Conservatoire, l'un des professeurs de cet établissement avec Gaviniès, Guénin et R. Kreutzer.

Nous avons consulté, aux Archives nationales, les registres de la paroisse de Saint-André, détruite avant la Révolution, et la première signature du curé Mathieu se trouve inscrite en 1682. C'est donc bien dans les dernières années du XVIIe siècle qu'on peut placer les séances musicales dont parle de Serre. Cette intéressante notice se trouve reproduite dans la méthode de clavecin de Michel Corrette (1753). L'auteur y ajoute des renseignements qui lui sont personnels : « Ce fut à ce concert, écrit-il, que parurent pour la première fois les trios de Corelli, imprimés à Rome. Cette musique, d'un genre tout nouveau, encouragea les bons auteurs à travailler dans un goût plus parfait : tel fut le caprice de M. Rebel le père. M. Marin, à l'exemple des Italiens, inaugura les *cantates en français*. MM. Darnel et Dandrieux, organistes, donnèrent les premiers des sonates en trio. »

Le mot *cantate,* dérivé de l'italien, n'avait pas alors le sens solennel qu'on lui prête aujourd'hui : les cantates italiennes sont presque toutes à *voce sola,* accompagnées du clavecin et d'une basse de viole jouant la ritournelle sur la chanterelle et doublant la basse, le *continuo* de clavecin. Quelques-unes ont un accompagnement de violon. Les paroles, souvent fort jolies, célèbrent l'amour, et les vers, malgré leur tour affecté, sont cependant d'une jolie facture. Les scènes dramatiques étaient l'exception ; tel l'air célèbre de Scarlatti : *Pevera pelegrina,* délicieuse mélodie souvent reproduite dans les recueils manuscrits dont nous avons parlé.

Les compositeurs qui ont écrit pour la musique de chambre au XVIIIe siècle sont nombreux ; nous retiendrons seulement la délicieuse cantate de Campra : *Les Plaisirs de la campagne,* — un véritable Watteau musical, — et nous envions les amateurs qui ont pu l'entendre exécuter certain soir chez notre ami L. Pillaut, un musicien aussi délicat qu'érudit. L'œuvre avait pour interprètes Mme Fuchs, qui avait bien voulu prêter le concours de son beau talent et les excellents artistes Taffanel, Hasselmans et

Mariotti. On devine les souvenirs qu'une telle audition a dû laisser aux assistants.

Mais revenons à Bruni, que nous avons quelque peu abandonné.

Les mesures de sauvegarde qui avaient précédé l'émigration devaient rendre incomplètes les investigations du délégué de la Convention ; cependant Bruni avait visité plus de cent onze hôtels et maisons d'émigrés ou de condamnés. Le chiffre de 367 instruments inscrits dans son relevé est loin de comprendre tous ceux qu'une saisie antérieure aurait pu atteindre. Combien d'instruments précieux, dans ces jours néfastes, avaient déjà pris le chemin de l'étranger, entre autres les beaux clavecins de Ruckers, si soigneusement décrits par Duvaux dans son livre-journal, et vendus par lui au poids de l'or aux Blondel de Gagny, aux Crozat, aux la Popelinière et à tant d'autres hauts financiers, providence des marchands du siècle dernier [1].

A l'exception d'un petit nombre de violons d'Amati, de Steiner et de Klotz, déjà cités, et d'un violoncelle de Castagneri, le procès-verbal ne relève aucun autre nom saillant de la lutherie italienne. Exceptons toutefois un alto-viola (*sic*) attribué à Stradivarius et saisi chez le fermier général Boulogne. L'instrument est mentionné au millésime de 1710. C'est la bonne époque. Toutefois Bruni n'ajoute aucune réflexion et ne s'arrête pas autrement sur cette riche trouvaille. — Il est vrai que Viotti, comme nous l'avons raconté ailleurs, n'était pas encore venu révéler aux amateurs la valeur exceptionnelle du grand Crémonais [2].

Le luxe d'un fermier général ne se déployait jamais mieux que dans les coûteuses dépenses de la musique ; mais les instruments n'étaient pas toujours à la hauteur de ces somptuosités. Les Pagin,

<hr>

1. *Le Livre-Journal de Lazare Duvaux*, marchand-bijoutier ordinaire du Roy (1748-1758), *passim*, 2 vol. in-8. — Paris, Société des Bibliophiles français, 1873.

2. *Les Luthiers italiens* aux xviie et xviiie siècles. Académie des Bibliophiles. — Paris, Jouaust, 1869.

les Pugnani, les Gavinies et autres grands violonistes jouaient les
instruments des luthiers français, parfois les violons du Tyrol et,
par exception, les instruments d'Amati, peu nombreux à cette
époque, malgré leur ancienne introduction en France. On citait
cependant les collections du comte de Senneterre, des Sermentôt et
des Noailles, celle du fermier général de la Haye. La musique de
l'hôtel de Soubise et les concerts spirituels de l'Académie royale
de Musique étaient en grand renom. On y comptait, parmi les so-
listes : les Caperan, les Roget, les Mondonville, les Leduc, les
Gossec et les Legros. Le fameux de la Popelinière maintenait sa
musique à la hauteur de celle d'un prince du sang, et Gossec qui
devint plus tard le chef de la musique du prince de Conti, y avait
débuté en qualité de directeur de ces fêtes musicales. On sait que
ce ne fut pas sans regret qu'il abandonna ce premier poste. « Que
voulez-vous, disait Gossec à Rameau, qu'il n'avait pas consulté,
j'étais mieux payé sans doute chez M. le fermier général, mais
il faut bien faire un sacrifice pour l'honneur : c'est plus glorieux
d'être le domestique d'une Altesse Royale. »

Ajoutons à cette raison d'amour-propre, dit le bibliophile
Jacob, à qui nous empruntons l'anecdote, que le prince de
Conti avait une maîtrise bien supérieure à celle de la Popelinière,
et que son chef d'orchestre était en même temps son maître de
chapelle [1].

Les réunions en vue d'exécuter des œuvres purement musicales étaient plus rares sans doute au siècle dernier qu'elles ne le
sont aujourd'hui; mais les théâtres de société se comptaient par
centaines. Les plus grands noms de France s'y donnaient rendez-
vous, et l'art musical, sans y prédominer, se trouvait étroitement
associé à ces ballets mythologiques donnés le plus souvent dans
les *Petites-Maisons,* où d'illustres amateurs ne dédaignaient pas
d'avoir pour partenaires des comédiens de profession [2]. Ces re-

1. Le bibliophile Jacob, *Les Arts au* xviiie *siècle.*
2. Ad. Jullien, dans son intéressante monographie : « *La Comédie à la Cour* ».

présentations exigeaient un orchestre nombreux, et des artistes
en renom y occupaient les pupitres.

Sur l'inventaire de Bruni figurent les clavecins, les harpes et
un petit nombre de pianos. Érard n'a pas encore imposé au goût
français la supériorité de sa facture et beaucoup de pianos sont de
provenance anglaise ou allemande [1]. Viennent ensuite des instruments variés, souvent réunis en quantité notable dans une même
demeure. Un seul séquestre, celui du fermier général de Bain,
ne comprend pas moins de 17 numéros, dont trois violoncelles
(n°ˢ 252 à 268).

La saisie opérée chez Vente, autre fermier général, comprend
un clavecin, deux violons, cinq flûtes, etc. ; chez le comte de
Montmorency-Laval, Bruni relève douze instruments, dont deux
violons d'Amati ; chez le marquis de Lusignan, neuf instruments
différents.

L'énumération a toujours la même sécheresse, et les estimations de l'expert sont aussi rares qu'elles paraissent peu justifiées.

Les catalogues des collections des Choiseul, des Duras, des
Bussy et des Chevreuse (1770-1786), sans oublier les célèbres
cabinets d'amateurs, les Brou, les Pallu, les Mélian, qui avaient
porté dans leurs provinces le bon goût parisien, étaient, à coup sûr,
plus éloquents dans leur simple langage d'huissier-priseur que la
nomenclature du délégué de la Convention.

Puisque nous parlons des estimations de Bruni, nous relè-
verons la singularité de certaines évaluations : la basse de viole
de l'émigré Thuczi (n° 276), par exemple, et le pardessus de viole
de l'émigré d'Oppède, estimés aux prix dérisoires de 5 francs.

D'un autre côté, Bruni porte à 1000 francs, prix considérable
pour l'époque, un violon d'Amati avec cassures (1665). Ces chif-

---

1. Zumpe, Pohlman, Backers, Kirkman, J. Grieb, Schrœder, Broadwod, avaient
contribué à introduire le piano en Angleterre et en Allemagne, et balançaient la
faveur naissante de Sébastien Erard et d'Ignace Pleyel.

fres sont relevés dans la saisie Laval-Montmorency. Un autre
violon intact d'André-Jérôme Amati est évalué 400 francs. Chez
l'émigré de Brange, un piano de Beck est estimé 5 000 francs...
Ces disproportions ont le droit de nous étonner, et l'expert a eu ce
jour-là des préférences difficiles à expliquer.

A ce propos, disons que, depuis un siècle, le prix des instruments italiens a constamment progressé. Les ventes des collections Glandaz, Durand et Bonjour, nous ont fait assister à une
véritable explosion de hausse : les prix de 3 000, 4 000 et
5 000 francs ne sont déjà plus qu'un souvenir, et les enchères
tapageuses de 20 et de 25 000 francs pour les violoncelles et les
violons de Stradivarius sont couramment enregistrées. Où s'ar-
rêtera-t-on dans cette voie? Nous l'ignorons; et, sans méconnaître
la supériorité des instruments de Crémone et de Brescia (nous
entendons parler des spécimens hors de pair), il nous sera permis
de regretter ces exagérations qui barrent la route aux artistes,
dignes, à coup sûr, d'être plus favorisés que des amateurs fantai-
sistes.

Dans cette longue nomenclature d'instruments inscrits au fur
et à mesure de la saisie, sans distinction de maîtres, Bruni, suivant sa coutume, ne s'est pas attardé dans le détail : nous ne nous
arrêterons qu'aux pièces dignes de mention.

Les clavecins, les harpes, les violes et les guitares figurent en
nombre. Les instruments à vent sont en minorité : les cors-de-
chasse, les vielles, les musettes richement ornementées, ces dernières souvent employées comme accessoires de pièces villa-
geoises tout à fait dans le goût du temps ; enfin quelques pochettes,
instruments des maîtres à danser.

Les vielles, à en juger par celles qu'on rencontre dans certaines
ventes de collectionneurs, méritaient mieux qu'une simple mention.
On connaît ces jolis instruments aux têtes sculptées en ronde-bosse,
aux touches incrustées de filets d'ivoire, aux chevilles d'ébène, aux
caisses bombées ou à pans, aux ponts laqués et à décors chinois,

ces raretés que l'on se dispute aujourd'hui à des prix invraisemblables, la société du xviiie siècle les avait prises en goût; c'était l'occasion de faire admirer la main et le pied de la vielleuse, la sveltesse de la taille entourée de la ceinture qui retient l'instrument. On connaît la dissertation pédantesque et galante de l'abbé Terrasson, qui, s'adressant à Mlle de ***, célèbre les mérites de l'instrument du moyen âge à grand renfort de citations :

« Ne pensez-vous pas, Mademoiselle, qu'en examinant l'origine de la vielle chez les Grecs et les Romains, j'ai trouvé de grands secours dans Hérodote, Thucydide, Tite-Live, Tacite, etc.? » Nous abrégeons la période. Le plaidoyer de l'abbé est pourtant éloquent et convaincu; mais l'avocat d'office, pas plus que les grâces de *Fanchon-la-Vielleuse,* auxquelles ont souri nos pères, n'ont réussi à sauver de l'oubli l'antique instrument, tombé aujourd'hui aux mains des petits Savoyards.

Dans la saisie de Noailles-Mouchy, Bruni signale une vielle qui pourrait bien être le joli instrument inscrit au catalogue du Conservatoire sous le n° 124, et qui passe pour avoir appartenu à la princesse Adélaïde, fille de Louis XV. Comme toujours, Bruni reste sobre dans la description, et il annote sèchement : « *Ci-devant aux armes de France* ».

Ces vielles « aux armes royales » étaient généralement ornées de dessins sculptés ou découpés à jour, enrichies de médaillons en nacre et quelquefois séparés les uns des autres par des turquoises, comme celle de notre musée. Au xviiie siècle, le goût des ballets et des danses scéniques avait introduit dans maints salons fréquentés par la noblesse ces petits instruments. Marie Leczinska jouait de la vielle, et le duc de Luynes rappelle, dans ses mémoires, que Madame Henriette jouait du pardessus de viole et du violoncelle. Nattier nous a conservé les traits de cette jeune princesse aux prises avec cet instrument peu féminin, et l'on sait que Madame Adélaïde avait pris des leçons de violon, sous la direction du célèbre Mondoville et de Guignon.

Les *pochettes*, dans leur usage familier pour les leçons de danse, se paraient aussi de charmantes coquetteries, et souvent les étuis eux-mêmes, richement armoriés, révélaient au premier coup d'œil le maître-gaînier à la mode.

Bruni relève aussi quelques *musettes*.

La musette, — nous entendons la musette riche, aux clefs d'argent et au soufflet revêtu d'étoffes, — se fait rare aujourd'hui. La musette ordinaire paraît reléguée exclusivement dans le département du Cantal. Nous lisions dernièrement, que les trains d'Aurillac avaient amené en juillet dernier plus de huit cents personnes à Vic-sur-Cère, parmi lesquelles beaucoup de journalistes de l'Auvergne. Il s'agissait d'une fête votive, avec un concours de musettes, fort réussi, dit-on. Le soir, retraite aux flambeaux, feux d'artifice, et, comme couronnement, exécution de la *Marseillaise* par toutes les musettes concurrentes... L'exécution de la *Marseillaise* était, à coup sûr, inattendue de la part du rustique instrument.

Nous avons hâte d'arriver aux *clavecins*. Ils méritent de nous arrêter quelques instants.

On sait que cet instrument, qui a charmé nos pères, a lutté jusqu'aux approches de la Révolution avec les premiers pianos d'Érard. La puissance du son de l'instrument rival devait bientôt lui assurer une place d'honneur dans les salons de la noblesse et de la haute bourgeoisie. Toutefois, la déchéance n'alla pas sans tristesse ni regrets ; et, aujourd'hui encore, c'est le privilège du clavecin de réveiller les plus doux souvenirs. Il inspirait naguère ces jolis vers à un jeune poète :

> Là dort ensevelie une musique exquise,
> Ces vieux airs qu'on dansait en robe de marquise,
> Aigrelets et vibrants comme un son de ducat,
>
> Et, le soir, doucement si l'on ouvrait les portes,
> Peut-être entendrait-on un scherzo délicat
> Sous les doigts effilés des châtelaines mortes[1].

1. ALBERT MÉRAT, *Revue moderne*. Paris, 1883, L. Vanier.

Les grands seigneurs, les financiers et quelques bourgeois déjà
en possession des charges avaient naturellement le monopole de
ces précieux instruments, et par ceux qui nous sont parvenus on
peut juger de la richesse de leur ornementation. Ces peintures si
délicates, si élégantes, étaient le plus souvent l'œuvre d'artistes de
premier ordre, qui ne croyaient pas déroger en se livrant à de tels
travaux. C'est qu'à cette époque, propice aux plaisirs tranquilles,
chacun rivalisait dans son art. Ici, Dandrillon prodiguait ses ors ;
là, Bachelier répandait ses fleurs, et les harpes aux colonnes can-
nelées et enguirlandées de feuilles d'acanthe, aux crosses curieu-
sement fouillées, aux tables semées de bouquets de roses ou
rehaussées de fêtes galantes, soutenaient victorieusement le voisinage redoutable des toilettes du siècle dernier. Les clavecins de
l'École d'Anvers surtout, par leur richesse et leur diversité, ressor-
tissaient aux diverses professions affiliées à la *Gilde de Saint-Luc*.
Cette confrérie imposait une épreuve aux récipiendaires : peintres-
décorateurs, brodeurs, doreurs, verriers et batteurs d'or étaient
soumis à un véritable concours[1]. Depuis les clavecins de Scaliger,
que de progrès réalisés[2] !

Plus heureux que le musée de notre Conservatoire, le Kensington-Museum a pu acquérir quelques-uns de ces précieux
instruments. Ils auraient été exécutés, dit le Catalogue, d'après
les ordres de Marie-Antoinette. Clapisson, lui aussi, lorsqu'il
s'est séparé de sa collection, a pu croire à d'illustres origines
pour plusieurs des instruments qu'il cédait au Conservatoire ;
mais, sur ce point, nous n'avons d'autres témoignages que le
sien.

Quoi qu'il en soit, la reproduction héliographique qui figure en
tête de ces pages représente assez exactement un de ces splendides
instruments que la noblesse et la haute finance se disputaient à
prix d'or. Celui dont nous donnons le spécimen fut longtemps la

1. Ch. DE BURBURE, *Recherches sur les facteurs de clavecins*. Bruxelles, 1863.
2. J.-C. SCALIGER. *Poetices*, lib. I, cap. XLVIII. Lyon, 1561.

propriété d'un collectionneur parisien [1], avant d'appartenir à la baronne douairière de Rothschild.

Ce rare instrument est d'une entière conservation, et les peintures qui le décorent sont d'une suprême élégance. « Un juge compétent, M. Émile Pfeiffer, signalait, il y a quelques années, ce magnifique clavecin comme une des plus belles œuvres de la facture de Ruckers, — sans parler des améliorations techniques qui en font un modèle accompli de facture instrumentale, la disposition de deux claviers permettant d'obtenir l'octave sur chaque note par un simple mouvement de la main. « De nos jours, ajoute M. Pfeiffer, des facteurs célèbres, ayant eu l'honneur d'avoir été les émules de Philippe de Girard et presque ses confrères, ont à peine réussi, après les recherches les plus laborieuses et les essais les plus coûteux, à faire *octavier* le piano moderne [2]. »

M. le chevalier de Burbure, à qui l'on doit beaucoup d'intéressants détails sur l'antique École des clavecins d'Anvers, cite parmi les noms les plus marquants de la famille de Ruckers (XVIe et XVIIe siècles) les deux Hans (Jean) et les deux André, qui ont surtout porté l'art du facteur à une remarquable hauteur [3]. Il ajoute qu'aux XVIe et XVIIe siècles l'instrument, au point de vue de l'ornementation, était beaucoup plus sobre. Le décor consistait le plus souvent en courtes devises ou maximes morales [4].

Il y a deux ans, le conservateur de notre Musée instrumental, M. L. Pillaut, a consacré à la musique de clavecin un intéressant

1. M. Pigeory.
2. Journal l'*Illustration*, 1858.
3. CH. DE BURBURE, *loc. cit.*
4. Un fils de Hans Ruckers le Vieux, André Ruckers, signait l'instrument A. R., avec cette simple devise sur le recouvrement :

> *Concordia*
> *Res Parvæ crescunt.*
> *Discordia Maximæ Dilabuntur.*

D'autres instruments de Georges Britsen portent ces mots sur le devant du clavier : *Acta-Virum-Probant.*

article à propos du concert spécial donné à Paris par Rubinstein[1]. L'éminent artiste avait révélé ce jour-là nombre de petits chefs-d'œuvre ignorés ou peu connus. Ces morceaux s'exécutaient au siècle dernier avec accompagnement d'une flûte, d'un hautbois et d'un basson.

Ces *Allemandes*, ces *Galiardes*, ces *Pavanes*, ces *Musettes* et ces *Tambourins*, tous ces petits thèmes aux titres naïfs avaient mérité à François Couperin le surnom de *Grand*. Ils suffisaient à charmer nos pères. En publiant ces pièces, Couperin prévenait le lecteur qu'elles avaient été composées pour les petits concerts de Sa Majesté. « Le Roy, dit-il, me faisoit venir presque tous les dimanches de l'année. Elles étoient exécutées par MM. Duval, Philidor, Alarius et Dubois; j'y touchois le clavecin. Si elles sont autant du goût du public qu'elles ont été approuvées du feu Roy, j'en ai suffisamment pour en donner dans la suite quelques volumes complets[2]. » — « Et, ajoute M. L. Pillaut, voilà un tableau qui aurait de quoi tenter un peintre : le vieux Roi écoutant ses musiciens, en compagnie de Mme de Maintenon, dans ses appartements de Versailles. Ce groupe, personnages et instruments, pourrait peut-être se reconstituer d'une façon assez authentique[3]. »

Chacun a dans la mémoire les noms des grands clavecinistes, les Calvaire, les Marchand, les Rameau, les Couperin, et de tant d'autres illustres *compositeurs d'harmonie*, — comme on les appelait alors. On voyait les pièces de Rameau et de Couperin sur

---

1. L. Pillaut, *Revue Bleue*, 24 avril 1886.

2. Concerts royaux : Avertissement.

Duval (François) était violoniste de la chapelle du Roi. Fétis cite de lui plusieurs livres de sonates de sa composition.

Philidor. Il y eut deux artistes de ce nom : le premier, flûtiste de la chapelle du Roi; le second (Michel Danican), y tenait l'emploi de basson. Il fut père du fameux joueur d'échecs.

Alarius, bon violoniste (élève de Forqueray).

Dubois. Moins connu; probablement hautboïste de la chapelle.

3. L. Pillaut, *loc. cit.*

tous les clavecins. Déjà leur mérite avait pénétré en Allemagne et jusqu'en Russie.

Pour être moins nombreuses que les clavecins énumérés dans le relevé de Bruni, les harpes y occupaient une place importante. La richesse des ors et la sculpture des modèles qui nous sont parvenus attestaient l'excellence de la main d'œuvre des Cousineau, des Naderman et des Érard, facteurs hors de pair.

La harpe, instrument essentiellement féminin, jouissait d'une faveur marquée à la cour de Louis XVI et était pour la Reine l'objet d'un goût passionné. (V. *Appendice*.)

On lit dans les mémoires de Papillon de la Ferté, intendant et contrôleur de l'argenterie, menus-plaisirs et affaires de la chambre du Roy, que la Reine Marie-Antoinette avait ordonné aux Menus de payer 800 livres au sieur Hinner, son joueur de harpe, *pour aller se perfectionner dans son art en Italie*. (31 juillet 1777.)

Ce goût pour l'antique instrument datait de loin, et nous avons relevé aux Archives Nationales deux curieuses quittances, datées des années 1401 et 1416 ; elles sont signées du sieur Lorens du Hest, luthier, faiseur de harpes de la duchesse de Visconti, femme de Louis, duc d'Orléans. C'est un mémoire, d'un style naïf, donnant le détail minutieux de réparations faites à une harpe ; puis un compte d'achat de cordes livrées par un certain Jahan de Lige à diverses clientes de qualité (1415-1417). Voilà des parchemins bien établis[1].

Beaucoup plus près de nous, et au point de vue de la virtuosité instrumentale, la harpe fut mise en véritable valeur par Krumpholtz. D'autres artistes vinrent ensuite qui, grâce à l'intelligente collaboration d'Érard, en transformèrent le mécanisme : Naderman, Cousineau, Dalvimare, Bochsa, Labarre, en attendant le célèbre Godefroy, furent successivement les favoris du public.

---

1. Compte des menus-plaisirs de la reine Isabeau de Bavière depuis le 1er mars 1415 au 10 avril 1417. — Ch. Dépenses, archives du Roy. — K. 2701.

Cousineau, professeur de harpe de la Reine Marie-Antoinette et fournisseur de la Cour, avait surtout perfectionné le pédalier. Musicien et exécutant habile, il occupa longtemps la place de harpiste à l'Académie royale de Musique. C'est dans le modeste magasin de Cousineau, rue des Poulies-Saint-Honoré, que fut déposé, lors de son arrivée à Paris, le superbe violoncelle de Stradivarius, acquis d'abord par Duport, puis, de nos jours, par Franchomme. Nous avons eu occasion de rappeler ailleurs la singulière fortune de ce bel instrument. La religion des souvenirs paraît l'avoir fixé dans la famille du regretté violoncelliste[1].

Malgré les lacunes des indications fournies par Bruni, nous avons dû rechercher l'identification des instruments visés dans son inventaire. Le musée du Conservatoire de Musique, celui de Cluny, le Conservatoire des Arts-et-Métiers, devaient successivement attirer notre attention ; le résultat de l'enquête n'a pas répondu à notre attente, mais nous avons relevé dans ces derniers établissements des instruments de musique dont la place serait plus justifiée au musée de la rue Bergère.

En ce qui concerne notre Conservatoire, on se demande comment le *dépôt des Menus* n'a pas été la base primitive de la collection actuelle; comment surtout cette importante concentration d'instruments a pu disparaître malgré la surveillance qui entoure d'ordinaire un dépôt public?... — Y a-t-il eu destruction totale, dispersion, abus de confiance, achats à vil prix du fait des marchands, dont l'instinct est toujours en éveil, dans les temps troublés? Autant de questions à résoudre.

On a prétendu qu'il y avait pu avoir versement dans d'autres dépôts, à l'abbaye Saint-Martin par exemple (aujourd'hui le Conservatoire des Arts-et-Métiers). Mais les instruments qui figurent au catalogue n'ont pas été visés par Bruni : presque tous ont

---

1. *Les Instruments des Écoles italiennes, catalogue suivi de notes sur les principaux maîtres.* Paris, chez Gand et Bernardel frères.

été l'objet d'acquisitions de M. du Sommerard père, et quelques
autres offerts au Musée par de généreux donateurs.

Nous citerons, par exemple, le clavecin à double clavier, avec
gaîne richement décorée de peintures sur fond d'or, sur pied à ba-
lustre, avec entrejambes en bois sculpté à jour et doré. La bande
est ornée de fleurs et de fruits (époque Louis XIV) : c'est un don de
M. F. Boissard de Boisdenier (n° 7002) ; le grand clavecin à pédales
à registres de Johachim Swanem (1786), don de M. Viret ; un piano
de J. K. Mercken (1770)[1], don de M. Labouffetière ; un autre piano
de Zumpe et Bruntebart (Londres, 1778), de la collection du Sommerard ; un clavecin de Richard, à quatre jeux différents (1752) ;
un ancien piano, dit : *Clavecin du Roi* (?), (n° 28 du catalogue) ; une
jolie guitare incrustée d'ivoire avec manche orné d'arabesques en
incrustation, signé par Alexandre Roboam (1682), don de M. Cha-
banne (n° 7006) ; un violon de Nicolas Amati, légué par testament
au Musée par M. Arthur Fussier.

Rappelons, pour mémoire, une contre-basse de viole, d'un
bois assez pauvre, à volute grossière, et dont les *ff* sont dessinés
comme ceux du violon. Le catalogue et l'inventaire, plus complet,
auquel nous nous sommes reporté, n'indiquent ni l'origine ni la
date d'entrée dans les galeries des Arts-et-Métiers.

Les collections de Cluny nous offrent encore d'autres instruments intéressants, qui seraient mieux placés, à coup sûr, au Conservatoire de la rue Bergère. Ajoutons que le catalogue du Musée
de Cluny, dont la rédaction, pour cette partie très spéciale, date
du transfert des collections du Sommerard à l'État, présente de
nombreuses erreurs de désignation : tel le n° 7004, signalant
comme *mandoline* un grand *archiluth* italien à manche incrusté
de nacre (oiseaux, rinceaux et fleurs) ; tel le n° 7006, enregis-
trant également comme *mandoline* une simple *guitare ;* plus loin,
de charmants *théorbes* italiens du xvii° siècle, dans leur boîte du

____

1. Ce piano figure à l'Exposition de 1889. (Prêt du Conservatoire des Arts-et-
Métiers.)

temps (n°s 7008 et 7009), n'échappent pas à cette dénomination de *mandoline*. Il faut citer encore un joli *luth* petit modèle (n° 7011), incrusté d'ivoire, travail italien du temps de Louis XIII, avec sa gaîne en *veau fauve*, doré et richement décoré de fleurs de lys, et non en cuir, comme l'indique le catalogue.

Une nouvelle édition revue par le savant conservateur M. Darcel fera disparaître ces erreurs, assurément légères, mais regrettables dans une collection publique.

En résumé, notre visite à Cluny s'est traduite par un désappointement au point de vue de nos recherches, et un sentiment de convoitise en reportant notre pensée vers le musée de la rue Bergère, si maigrement doté pour des acquisitions nouvelles. L'adjonction au fonds actuel des instruments cités plus haut permettrait à la collection française, sinon de lutter avec le musée anglais déjà si riche, du moins de faire meilleure figure, grâce à une concentration d'instruments d'une main-d'œuvre en majorité française.

En promulguant la loi du 3 août 1795 (16 thermidor an III), la Convention nationale avait décidé qu'on doterait le Conservatoire de musique d'une *bibliothèque composée d'une collection complète des partitions et ouvrages relatifs à la musique et d'une collection d'instruments antiques ou étrangers à nos usages qui pourraient, par leur fonctionnement, servir de modèles.* On sait que la bibliothèque seule fut fondée. Depuis sa création, la richesse de son fonds n'a fait que se développer.

L'acquisition par l'État des 320 instruments réunis par Clapisson, — malheureusement sans indications d'origine, — détermina l'installation de la galerie actuelle. On y avait joint, il est vrai, quelques numéros sans grande valeur, mais il est difficile de les attribuer au dépôt des Menus. Grâce à des achats postérieurs et à des libéralités d'amateurs, on est arrivé au chiffre de 1200 instruments divers. Aucun d'eux ne nous a paru compris dans l'énumération de Bruni.

Les clavecins, sous les n⁰ˢ 221, 222 et 223, sont des instruments distingués, le n° 222 surtout; il est signé Ruckers. Le catalogue attribue le panneau à Brauwer ou Téniers le Jeune, le couvercle à Paul Bril. On peut regretter que ce clavecin ait été agrandi et remanié. C'était là le péché mignon de Clapisson. Quoi qu'il en soit, plusieurs de ces clavecins sont des instruments hors ligne; ils doivent sortir de bonnes maisons. Nous ne voyons pas qu'ils aient été visés dans le procès-verbal qui nous occupe.

Les collections belges de l'Exposition internationale de 1878, pour la partie rétrospective, devaient aussi plus particulièrement attirer notre attention. Au temps de la grande épouvante, le voisinage était tentant. Nous avons dit le manque de surveillance des premiers dépôts et les détournements qui en furent la conséquence. Ici encore, les éléments d'identification ont fait défaut.

Les richesses instrumentales du Kensington-Museum ont été notre dernière étape. En ce qui concerne les violons, les violoncelles, les altos et les violes, il est certain que le goût français avait tenu en honneur les maîtres italiens dès les premières années du XVIII° siècle, et que l'Angleterre, et plus récemment encore l'Amérique, nous ont suivis dans cette recherche. Reconnaissons que depuis vingt ans le zèle de nos voisins nous a singulièrement distancés! C'est ainsi que la dernière exposition du Kensington-Museum, grâce surtout à de nombreux prêts d'amateurs anglais, a pu présenter la plus riche collection instrumentale connue. Ces instruments d'une rare distinction sont fixés désormais dans ces collections étrangères, et il suffit de parcourir le catalogue du musée anglais pour voir que les premières places appartiennent à la main-d'œuvre française. Tel le n° 3, *Clavecin de Pascal Taskin* (1786) : le coffre est décoré de figures japonaises largement dorées; le clavier inférieur est en ébène, le clavier supérieur en ivoire (5 octaves 1/2). Tel le n° 6, qui, d'après le catalogue, aurait appartenu à la Reine Marie-Antoinette; il est daté de 1612 et n'a d'autre inscription qu'une mention de *réparation par P. Taskin : Paris*, 1774. Les peintures représentent des scènes du temps de Louis XIV, par Van der Meulen.

Si Bruni avait donné un aperçu, même superficiel, de ces deux instruments, leur identité devenait facile à établir. Nous ne pouvons que regretter le laconisme de l'expert.

La famille des instruments à vent : les flûtes, les hautbois, les clarinettes ; les vielles et les harpes, — surtout celles placées sous les numéros 232 à 235, — sont d'une grande allure. La première, dans le style de Goutière, est feuillagée de chêne et ornée, sur le pied de la colonne, d'une figure de Cupidon ; la seconde présente des amours enguirlandés de festons et d'arabesques ; la troisième, signée de Cousineau, aurait appartenu à la Reine Marie-Antoinette. N'oublions pas les pochettes, qui sont pour la plupart de facture française. — A ce propos, Hart, dans son intéressante monographie du *Violon et des Luthiers célèbres*, rappelle qu'un gentilhomme irlandais habitant Paris avait formé une curieuse collection de pochettes françaises qui réunissaient les différents types connus.

Pour terminer le chapitre des emprunts du musée anglais au fonds français, notons les *Viola da Gamba* (n°s 170 à 172), montées à sept cordes, suivant les principes du célèbre violiste Marais. On voit qu'au point de vue des origines, un chercheur trouverait au Kensington la matière d'une étude rétrospective assez complète. Comme Gustave Chouquet, le regrettable conservateur de notre musée instrumental, nous avons reculé devant les incertitudes et les difficultés de plus d'un genre que l'enquête présentait. Cette monographie pourra tenter un jour des critiques mieux armés.

L'identification des émigrés et des condamnés cités par Bruni nous amenait à de nombreuses recherches. Toutes n'étaient pas aussi simples qu'on pouvait le croire : il y avait lieu, de se reporter aux archives du Tribunal révolutionnaire, aux dossiers du Comité de Sûreté générale, à ceux de la police du Directoire et du Consulat, et, en face de tous ces noms trop souvent défigurés par le copiste, d'adresses domiciliaires erronées, de titres et de qualités volontairement supprimés, nous aurions été plus d'une fois sur le point d'abandonner ces notices biographiques, si nous n'avions rencontré dans M. P. Guérin, des Archives Nationales, un concours aussi précieux qu'autorisé. Qu'il nous permette de le remercier ici tout particulièrement.

Enfin, pour compléter cet aperçu rétrospectif, y avait-il lieu de joindre des renseignements techniques aux noms des facteurs de clavecins et des luthiers enregistrés par Bruni? Pour quelques-uns nous l'avons fait; mais ces indications devaient être succinctes, sous peine de reproduire des renseignements déjà donnés par nous dans d'autres publications. Pour un plus ample informé, nous renvoyons le lecteur aux ouvrages spéciaux, au Dictionnaire de Fétis, et aux intéressantes recherches de MM. Hart et Vidal sur la lutherie ancienne et moderne. On trouvera dans ces monographies d'abondantes notices sur Stradivarius, Amati, Ruckers et autres facteurs célèbres.

Peut-être nous sommes-nous mépris sur l'importance de la pièce de nos Archives que nous remettons en lumière. A vrai dire, elle n'offrira d'intérêt qu'aux curieux des choses de la musique, aux collectionneurs et aux fidèles de la confrérie de Sainte-Cécile : ceux-ci seront indulgents, et ils nous pardonneront cette trop longue station dans une chapelle favorite... Ils sont de la paroisse.

ÉTAT GÉNÉRAL

DES

INSTRUMENTS DE MUSIQUE

SAISIS CHEZ LES ÉMIGRÉS ET CONDAMNÉS

ET MIS EN RÉSERVE POUR LA NATION

Par la Commission temporaire des Arts depuis son Établissement

PAR BRUNI

CAILLEBEAU (*sic*) LA SALLE

I

Inventaire du 13 Floréal l'an IIe, rue de Grenelle, 370

1. — Un forte-piano allemand par Henrion, année 1784.
2. — Un forte-piano de Schœne[1], année 1788.
3. — Un forte-piano, sans nom, avec des rayes blanches et noires.
4. — Un forte-piano, sans clef.
5. — Un clavecin fond vert, à bandes dorées, sans clef.
6. — Une épinette forme triangulaire, très mauvaise.

MARQUIS DE LA SALLE

CAILLEBOT (Marie-Louis de), marquis DE LA SALLE, né le 11 février 1716, lieutenant général des armées du roi, commandant en Alsace. Il quitta la France une première fois, muni d'un passeport de Louis XVI en date du 4 mai 1791, et, après un séjour d'un an à Rastadt, il rentra en mai 1792, pour éviter les conséquences de la loi contre les émigrés. Mais les événements du mois de juin suivant le déterminèrent à chercher de nouveau un refuge en pays étranger. Retiré à Emishofen, dans le canton de Thurgovie,

---

1. SCHŒNE et HENRION. Ces deux facteurs sont peu connus ; les rares instruments qu'ils ont laissés sont au millésime de 1784 et 1788. Schœne était établi à Strasbourg (clavecins et pianos carrés).

il y séjourna jusqu'au mois de janvier 1796. Il mourut âgé de quatre-vingts ans à Constance, le 3 février suivant. Sa seconde femme, Marie-Charlotte de Clermont-Chaste, qui l'avait accompagné dans son exil, succomba elle-même le 1er décembre de la même année. Cinq ans après, leurs enfants et héritiers s'adressèrent au Premier Consul pour obtenir la radiation du marquis de la Salle de la liste des émigrés et la restitution de ses biens.

(Dossier aux *Archives nationales*, F[7] 5714. Voy. aussi LA CHESNAYE DES BOIS, *Dictionnaire de la noblesse*, t. III, p. 415.)

SAINT-LAURENT

II

Inventaire du 20 Floréal l'an IIe, rue Pierre aux Choux, 113

7. — Une basse de Castagnery[1], année 1751.
8. — Un alto ordinaire, par Chibou.
9. — Un alto, par Huet, année 1783.
10. — Un violon ordinaire de Joannes Andiocus Dœrffel[2], année 1792.
11. — Deux corps (*sic*) de chasse argentés, avec les armes de Condé.
12. — Cinq mauvais archets.

SAINT-LAURENT

Dans un procès-verbal d'apposition de scellés fait au domicile de ce
personnage, le 15 août 1793, à six heures du soir, il déclare se nommer

1. CASTAGNERY ou CASTAGNERI, luthier d'origine italienne, établi à Paris vers le milieu
du siècle dernier. Son étiquette, presque toujours manuscrite, est ornée d'une petite
vignette qui porte :

Andre Castagneri nell
palazzo di Scessone, 1737.
Pariggi, 17...

Castagneri a fait beaucoup d'altos et quelques violes d'une bonne sonorité. Son vernis
jaune clair rappelle celui de Guersan. Les *ff* sont généralement trop ouverts et de grand
modèle ; la volute assez bien sculptée, mais d'un enroulement peu profond.

Les instruments de Castagneri ont couru les hasards des orchestres et ne sont pas
arrivés jusqu'à nous sans avaries.

Ce luthier avait occupé un logement dans les dépendances de l'*Hôtel de Soissons*, situé
entre les rues Coquillière, des Deux-Écus, du Four et de Grenelle. — On trouve dans
PIGANIOL DE LA FORCE, t. III, p. 235 et suiv. (*Description historique de la Ville de Paris*)
quelques détails sur ce vieil hôtel, entièrement détruit aujourd'hui. (V. Vidal, qui donne
cette dernière note.\

2. DŒRFELL (lisez *Dürfel*), à Altenbourg, luthier principalement connu par ses altos et
ses contrebasses ; — facture très ordinaire.

Louis-Jean JOSSET SAINT-LAURENT, âgé de quarante-neuf ans, ci-devant commissaire des guerres nommé par le duc d'Angoulême, et actuellement négociant, demeurant rue Saint-Pierre-du-Pont-aux-Choux. Cette visite domiciliaire était accomplie en vertu d'un ordre du Comité de Salut public, qui soupçonnait le s^r Saint-Laurent de recel d'effets précieux, papiers et titres de la maison de Condé. Pendant les perquisitions, sur les dix heures du soir, et sous prétexte d'aller chercher un sac pour mettre son argent, il disparut par un escalier dérobé qui le conduisit dans une ruelle aboutissant à la rue, et par laquelle il réussit à s'échapper. Le procès-verbal, après avoir consigné cette particularité intéressante, poursuit son cours, et les opérations continuèrent les jours suivants dans d'autres immeubles, notamment rue Poissonnière. A ce dossier sont joints : 1° le rapport général fait au Comité de Sûreté générale de la Convention sur cette affaire ; 2° un inventaire des meubles et effets remis, lors de la levée des scellés, à la « citoyenne Saint-Laurent », sous promesse de les représenter à première réquisition. (*Arch. nat.*, T. 1112). Josset Saint-Laurent ne parvint pas à se rendre en lieu sûr ni à se soustraire aux recherches. Arrêté et traduit devant le tribunal révolutionnaire, il fut condamné à mort comme agent de Condé. On avait effectivement trouvé chez lui des paniers remplis de titres de propriété du prince, cachés sous des amas de bois. Il était en même temps possesseur de meubles, tableaux, pendules, porcelaines, flambeaux, livres, aux armes de Condé. On le soupçonnait en outre d'être allé à Coblentz. Il le nia, disant qu'il s'était seulement rendu à Francfort pour son commerce d'orfèvrerie ; mais il convint avoir vu tant en Hollande qu'en Allemagne plusieurs des émigrés français. (Id., W., 316, dossier 455.) Saint-Laurent périt sur l'échafaud le 8 pluviôse an II, 27 janvier 1794.

CHABERT

III

Inventaire du 22 Floréal l'an IIe, rue du Grand-Chantier, 9

13. — Un violon, di Leopoldo. pervebere tedesco, alievodi Nicolas Amatis (*sic*)? Crémone : anno 1750 [1].
14. — Trois mandolines, sans noms.
15. — Une vielle turque.
16. — Une vielle ordinaire.
17. — Un tambourin.
18. — Deux flûtes à bec.
19. — Un forte-piano, de Johannes Zumpe [2], Londini, année 1787.
20. — Un violon ordinaire, de Jacobus Stainer [3], année 1674.
21. — Un violon ordinaire, sans nom.

LE MARQUIS CHABERT DE COGOLIN

Chabert de Cogolin (Joseph-Bernard, marquis de), né à Toulon le 28 février 1724, chef d'escadre et savant astronome, membre de l'Acadé-

1. Le nom de ce luthier a été probablement défiguré par le copiste. Peut-être s'agit-il d'un des nombreux élèves d'Amati qui copièrent le maître avec plus d'application que de succès.

2. Zumpe, créateur (avec les frères Silbermann en Allemagne), des premières fabriques de pianos à Londres.

3. Jacobus Stainer (*Absam prope Œnipontum*). Ce luthier est revendiqué par l'École allemande comme un autre Stradivarius. Stainer a pu travailler en Italie, mais le modèle de ses instruments et leur fini s'éloignent de la main d'œuvre des écoles de Crémone et de Brescia. Stainer a cependant laissé de bons instruments, dont les prix ont été souvent exagérés. C'est le chef de l'école tyrolienne.

mic des sciences en 1758 et de presque toutes les académies d'Europe. Il
avait quitté Paris le 28 janvier 1792, appelé à Bruxelles par des affaires de
famille, et, étant resté presque toute l'année absent, il fut considéré comme
émigré et ses biens saisis. Cependant son retour s'effectua par mer au mois
de novembre. Débarqué à Calais, il vint jusqu'à Saint-Denis, où les siens
vinrent le supplier de retourner sur ses pas pour se soustraire aux poursuites dirigées contre lui. Cédant à leurs instances, Chabert reprit la route
de l'exil et se retira en Angleterre. Il vécut dix ans à Londres, occupé de
ses travaux d'hydrographie, et ne put rentrer à Paris que le 5 ventôse
an X (24 février 1802); il était alors âgé de soixante-dix-huit ans et complètement aveugle. Peu de temps auparavant, ses meubles, qui étaient sous
scellés dans sa maison de la rue du Grand-Chantier, n° 9, avaient été transportés rue Portefoin, n° 1, par les soins de sa femme, Hélène-Marguerite-
Barbe Tascher, qui s'employa avec beaucoup de dévouement à obtenir la
radiation de son mari de la liste des émigrés, comme en témoigne l'intéressant dossier conservé aux *Archives nationales* (F⁷ 5716). Joseph-Bernard de
Chabert mourut à Paris le 1ᵉʳ décembre 1805.

PERPIGNAN (*sic*)

IV

Inventaire du 29 Germinal l'an IIe, rue des Martyrs, 730

22. — Un forte piano, de Johann Boffried ¹ (*sic*), rue des Petits-Car-
reaux, n° 5...? année 1790.
23. — Une clarinette, par Porthaux, à Paris.
24. — Un violon ordinaire, par Charle, ² luthier dans les Quinze-
Vingts, à Paris, année 1748.
25. — Deux archets.

PERPIGNA (Le Chevalier de)

Perpigna (Jean-Antoine, chevalier de Perpigna), demeurant alors
rue des Boucheries, paroisse Saint-Sulpice, acheta, le 19 mars 1788,
moyennant 20 000 livres, du sieur Jean-Pierre-Louis Boucher d'Auvergne,
avocat au parlement, une maison et jardin sis à Paris rue des Martyrs, celle
évidemment qui est indiquée ici comme son domicile. Ce renseignement
est topique, mais c'est le seul que nous puissions fournir sur le chevalier
de Perpigna. Par un hasard curieux, la seule pièce que contienne le dossier
de ce nom dans le fonds des papiers séquestrés est le contrat d'acquisition
de la maison où il demeurait avant de se retirer à l'étranger. (*Arch.
nat.*, T. 797.)

---

1. Boffried, probablement *Goffried*, luthier d'origine anglaise, élève de Blanchet.
2. Charle, luthier originaire de Mirecourt; instruments très ordinaires; il a laissé
quelques contrebasses d'orchestre.

PIGNATELLI

V

Inventaire de Germinal l'an IIe, rue des Piques, 29

26. — Un clavecin doré avec des arabesques, par Andreas Ruckers[1].
     Me fecit Antverpen.
27. — Un petit piano à pédale, en forme de table.
28. — Une guitare ancienne.
29. — Un violon jaune ordinaire.

MARQUIS DE PIGNATELLI

PIGNATELLI D'EGMONT (Casimir), né le 6 novembre 1727, appelé successivement marquis de Renti, duc de Bisache, marquis de Pignatelli et comte
d'Egmont, mestre-de-camp de cavalerie du régiment d'Egmont le 4 février
1744, brigadier le 1er janvier 1748, maréchal-de-camp en 1756, lieutenant
général le 21 décembre 1762, émigra au commencement de l'année 1792.
Il avait épousé en secondes noces, le 10 février 1756, Sophie-Jeanne-Louise-
Armande Septimanie de Richelieu, fille de Louis-François-Armand, maréchal duc de Richelieu, et avait marié sa fille du premier lit au fils du comte

---

1. ANDRÉ RUCKERS, célèbre facteur de clavecins à Anvers. La famille de ce nom a
fourni plusieurs facteurs renommés, entre autres *Hans* ou *Jean Ruckers*. V. les notes
biographiques publiées par M. Génard dans la *Revue d'histoire et d'archéologie* (T. I, p. 458
et suivantes) et les « *Recherches sur les facteurs de clavecins et les luthiers d'Anvers
depuis le* XVIe *jusqu'au* XIXe *siècle* », par le Chevalier de BURBURE, membre de l'Académie royale de Belgique. — Bruxelles. 1863.

de Fuentès, d'une autre branche de la maison Pignatelli, ambassadeur d'Espagne à Paris.

L'hôtel d'Egmont, que le marquis de Pignatelli possédait et habitait, était situé au n° 21 de la rue Louis-le-Grand (nommée *des Piques* pendant la période révolutionnaire). Dès le mois de septembre 1792, en exécution d'un décret de l'Assemblée nationale du 12 de ce mois et d'un arrêté du Conseil général de la commune du 13, cet hôtel fut mis par la commission administrative des biens nationaux à la disposition du général Berruyer, « le citoyen Egmont Pignatelli étant notoirement émigré, inventaire préalablement fait tant des effets dont le général Berruyer a donné son reçu, que de ceux dont il a refusé de se charger et qui sont demeurés en la garde du citoyen Robin ». Au cours de cet inventaire, une réclamation se produisit de la part du comte de Fuentès, gendre du comte d'Egmont, et de ses deux fils Alphonse et Armand Pignatelli, qui, excipant de leur nationalité espagnole, demandaient qu'on leur restituât divers meubles à leur usage et une bibliothèque précieuse qui se trouvaient dans un appartement de l'hôtel de leur beau-père et aïeul qu'ils occupaient pendant leurs séjours à Paris. Ils avaient loué un autre appartement rue Saint-Honoré, n° 283, où ils se proposaient d'installer désormais leur pied-à-terre. Mais, considérés eux-mêmes comme émigrés, leurs meubles y furent également saisis, et ils ne parvinrent à se les faire restituer qu'à la fin du Directoire, sur la réclamation de l'envoyé extraordinaire du gouvernement espagnol. (*Arch. nat.*, F⁷ 5 748.) Les papiers saisis chez le comte d'Egmont, marquis de Pignatelli, en septembre 1792 sont actuellement conservés aux *Archives nationales* (T. 159¹ à ⁷⁵).

L'hôtel d'Egmont, devenu ainsi propriété nationale, servait sous le premier Empire de dépôt pour la Marine.

QUINSKI

VI

Inventaire du 4 Floréal l'an II, rue Dominique, 1522*

30. — Un forte-piano anglais, de Schœne and successors, to... (*sic*),
année 1788.

31. — Un forte-piano anglais, année 1788.

32. — Un forte-piano organisé, fond blanc, par Adam Berjer (*sic*),
Londini fecit[1], année 1788.

33. — Un clavecin, fond blanc, avec les pieds dorés et sculptés, refait
par Pascal Taskin[2], année 1778.

34. — Un clavecin, fond gris, à bandes dorées, refait à Paris par
Pascal Taskin, année 1778.

QUINSKI, *lisez* KINSKI

Des papiers saisis vers la fin de l'année 1793 à ce nº 1522 de la rue
Saint-Dominique, il ressort que c'était un hôtel situé près de la barrière du
même nom, section des Invalides, et habité depuis plusieurs années par

1. Lisez : *Bergé*. Établi d'abord à Toulouse ; auteur de la *Vielle organisée du Conservatoire*.

2. Taskin (né à Liège, 1730), élève de Blanchet. Il lui succéda. Taskin est surtout
connu pour avoir substitué à la plume des sautereaux du clavecin et de l'épinette la peau
de buffle, ce qui donne à l'instrument beaucoup de douceur. Ses clavecins sont très estimés.
On a fort remarqué l'instrument de Taskin à deux claviers que feu Jacques Herz avait
exposé à la section rétrospective de l'Exposition de 1878. A la mort de l'excellent artiste,
l'instrument aurait été acquis, dit-on, par un amateur américain.

Mme Marie-Léopoldine-Monique, princesse douairière de Kinski, née comtesse de Palfy. Elle se déclarait âgée de cinquante-neuf ans en juillet 1793 et native de Presbourg en Hongrie. Sa naissance remontait par conséquent vers 1734. Elle avait épousé, le 28 août 1748, François-Joseph Kinski, prince du Saint-Empire romain, de Chinitz, Tettau, etc., chambellan de Sa Majesté Impériale la reine de Hongrie et de Bohême, dont elle était veuve avant 1772. A cette époque elle occupait, rue de Vaugirard, un hôtel que lui louait le comte d'Estaing. C'est le 9 avril 1777 que la princesse Kinski vint s'installer rue et barrière Saint-Dominique, dans un hôtel entre cour et jardin, dont le propriétaire, Chrétien-François de Lamoignon, président à mortier au parlement de Paris, lui passa bail pour toute sa vie. Elle était elle-même propriétaire d'une maison rue de Richelieu qu'elle louait. Parmi les autres pièces curieuses concernant la princesse Kinski, nous citerons encore : 1° un certificat de non-émigration à elle délivré par le directoire du département de Paris, le 29 janvier 1793 ; 2° quittance de 200 livres qu'elle verse, comme contribution patriotique, pour venir au secours des volontaires partant pour la Vendée et de leurs familles, le 15 juin suivant ; 3° une lettre de son notaire du 28 juin de la même année lui disant qu'elle ne pouvait pas se soustraire complètement aux contributions de guerre à elle imposées en vertu du décret qui assimilait les étrangers domiciliés en France à des Français ; 4° un certificat de la section des Invalides, daté du 23 juillet 1793, constatant que la princesse Kinski résidait à Paris, rue Saint-Dominique, 1522. (*Arch. nat.*, T. 220¹ à ⁷.) A partir de cette époque on perd complètement sa trace. C'est très peu de temps après, selon toute apparence, que la princesse se décida à quitter la France. Quoique étrangère et sujette de l'Empire, elle fut considérée comme émigrée, et ses biens en conséquence furent mis sous séquestre, puis vendus. Son mari était oncle du célèbre général autrichien François-Joseph Kinski.

VINTIMILLE

VII

Inventaire du 12 Floréal l'an IIe, rue du Bacq (sic), 559

35. — Un forte-piano anglais, de Johannes Zumpe[1], année 1774.
36. — Un forte-piano anglais, de Schœne, année 1786.
37. — Une harpe dorée, par Cousineau[2].
38. — Une harpe, par Cousineau.
39. — Deux boîtes avec des cordes.

COMTE DE VINTIMILLE

Plusieurs membres de cette famille demeurant à Paris au commence-ment de la Révolution abandonnèrent leur patrie aux approches de la Terreur. La liste générale des émigrés en comprend quatre pour le département de la Seine. L'hôtel de la rue du Bac désigné ici était habité en 1789 par : 1° Charles-François-Gaspard-Fidèle, comte de Vintimille, des comtes de Marcille, maréchal des camps et armées du roi, chevalier de ses ordres, conseiller d'État d'épée, chevalier d'honneur de Mme la comtesse d'Artois; 2° son frère cadet, Jean-Baptiste-Joseph-Hubert, vicomte de Vintimille,

1. ZUMPE. Déjà cité.
2. COUSINEAU (Pierre-Joseph), luthier et marchand de musique (1753). Il est surtout connu par ses harpes à double rang de pédales. Nous avons parlé de ce facteur avec quelques détails dans l'Avant-Propos.

capitaine des vaisseaux du roi. Ils émigrèrent tous deux dans le courant de l'année 1792. Les cartons des Archives nationales cotés T. 182 et 183 contiennent les papiers et titres de propriété saisis alors à leur domicile commun. Le second avait épousé Louise-Joséphine-Angélique de la Live, qui était en instance le 2 messidor an VIII (21 juin 1800) pour obtenir sa radiation. Le préfet du département de la Seine donna un avis favorable le 2 frimaire an X (23 novembre 1801). Mais cette dame n'avait point accompagné son mari à l'étranger. Elle n'avait au contraire cessé d'habiter Paris. C'était par suite d'une confusion avec les *sieur et dame de Vintimille du Luc* qu'elle avait été portée comme émigrée. (*Arch. nat.*, F7 5736.)

VINTIMILLE (Charles-René-Félix de), marquis du Luc, né à Paris et y demeurant rue de la Madeleine de la Ville-Lévêque, avait vingt-sept ans en mars 1792, quand, prévoyant (dit-il dans un mémoire) les excès de la tyrannie, il se décida à quitter la capitale et se rendit à Lyon, où il comptait vivre ignoré. Le 20 prairial an II (8 juin 1794), il fut arrêté dans cette ville sur l'ordre du comité révolutionnaire et incarcéré dans les prisons de Saint-Joseph « comme noble caché et conspirateur » : il y resta jusqu'au 20 brumaire an III (10 novembre 1794). Un arrêté du département de la Seine du 15 août 1797 accorda au marquis du Luc sa radiation provisoire ; mais moins d'un mois après, le coup d'État du 18 fructidor an V, qui fut le point de départ de nouvelles mesures rigoureuses contre les émigrés, le força à se réfugier en Suisse. Entre temps, le Directoire exécutif examina des certificats de résidence qu'il avait produits pour obtenir sa radiation définitive, les déclara entachés de fausseté, et maintint, par arrêté du 6 fructidor an VI (23 août 1798), le sieur du Luc sur la liste fatale, avec défense formelle de rentrer sur le territoire de la République. Son dossier renferme encore une lettre qu'il adressa au ministre de la police le 21 avril 1800 et un certificat du général Brune, daté de Lausanne, attestant sa bonne conduite (F7 5749¹⁰). La marquise du Luc, sa femme, née Marie-Gabrielle d'Artois de Lévis, avait péri sur l'échafaud le 9 juillet 1794, le laissant père de trois filles en bas âge.

COSSÉ-BRISSAC

VIII

Inventaire du 12 Floréal l'an IIe, rue de Grenelle, 72

40. — Un forte-piano à tiroir, superbe, sans nom.
41. — Un clavecin, en bois ordinaire.

DUC DE COSSÉ-BRISSAC

Cossé-Brissac (Louis-Hercule-Timoléon de), d'abord marquis puis duc de Cossé après la mort de son frère aîné, arrivée le 29 août 1759, fut successivement colonel du régiment de Bourgogne-cavalerie, colonel des Cent-Suisse de la garde, puis commandant en chef de la garde constitutionnelle de Louis XVI. Décrété d'accusation par un acte de l'Assemblée législative du 30 mai 1792, il fut, le lendemain 31, transféré à Orléans et écroué aux Minimes de cette ville, pour être jugé par la haute cour nationale. Extrait de cette prison le 4 septembre, en vertu de la loi du 2, qui ordonnait la translation à Saumur des prisonniers d'Orléans, il arriva à Versailles avec ceux-ci le 9 septembre et tomba comme eux sous les coups des massacreurs dans cette tragique journée. Bien que les noms des victimes et les circonstances de cet assassinat fussent connus de tous, le duc de Cossé-Brissac, confondu avec quelque autre membre de sa famille, fut inscrit sur l'état des émigrés du département de la Seine, et en conséquence tous ses biens mis sous séquestre. Adélaïde-Diane-Hortense-Délie Mancini de Nevers, sa veuve, parvint, non sans peine et après beaucoup de démarches, à faire reconnaître l'illégalité de cette mesure. Elle obtint d'abord un certificat de non-émigration le 2 nivôse an IV (23 décembre 1795), puis sous le Consulat, la radiation définitive du duc de Cossé, ce qui permit à ses enfants encore mineurs de rentrer dans une partie de leur héritage. (*Arch. nat.*, F⁷ 5719.) Dans les pièces diverses de ce dossier, l'hôtel de la rue de Grenelle habité par le duc de Cossé-Brissac au moment de son arrestation est dit porter tantôt le n° 82, tantôt le n° 92.

BERTIER

IX

Inventaire du 9 Prairial l'an IIe, rue Paul, 45

42. — Une harpe, peinte et dorée, sans nom ; une basse ou violoncelle
par Bassot[1] ; à Paris, année 1781.

BERTHIER DE SAUVIGNY

Ce personnage doit être Antonin-Joseph-Louis BERTIER ou BERTHIER DE
SAUVIGNY, avocat général à la cour des Aides. L'Almanach royal de 1789
indique bien son domicile rue de Vendôme, et celui de 1790 place du Palais-
Bourbon : mais ses meubles peuvent avoir été transportés rue Saint-Paul
après sa fuite de Paris, en 1791. Du reste, les listes d'émigrés et de condamnés par le tribunal révolutionnaire ne contiennent point d'autres personnes de ce nom pour Paris. Ce Berthier était fils de l'intendant de Paris
Berthier de Sauvigny et petit-fils du contrôleur général des finances Foulon,
qui furent massacrés par la populace à l'Hôtel-de-Ville, les 22 et 23 juillet
1789. Ces terribles événements ébranlèrent sa raison. Il quitta Paris et la
France, errant de pays en pays. On le rencontre successivement en Angleterre, à Aix-la-Chapelle, à Venise. Des certificats de médecins joints à son
dossier constatent qu'il était atteint de fréquents accès de démence. Sa

------

1. BASSOT (1788), luthier à Paris. Assez bonne facture, mais vernis très ordinaire. —
Instruments d'orchestre.

sœur Mme Lamyre et le tuteur de ses enfants adressèrent dans l'intérêt de ceux-ci une petite requête au Directoire, demandant la radiation de leur père de la liste des émigrés, comme irresponsable de ses actes. Ils ne purent l'obtenir. Un arrêté du 17 floréal an VII déclare au contraire que Antoine-Joseph-Louis Berthier de Sauvigny sera maintenu définitivement sur les états de l'émigration, la réclamation de sa famille n'ayant pas été produite en temps utile. (*Arch. nat.*, F⁷ 5710.)

CONTI

X

Inventaire du 9 Prairial l'an IIe, rue Dominique

43. — Deux cors de chasse, d'Antoni Kerner[1].

44. — Deux alto-viola ordinaires, dont un fait par Socquet[2], à Paris, année 1769, et l'autre sans nom.

45. — Trois guitares avec leurs étuis, faites par Salomon[3], à Paris, dont une qui n'est point finie.

46. — Un violon ordinaire, sans nom.

PRINCE DE CONTI

L'hôtel de Conti dont il est question ici portait sous le premier Empire le n° 54 de la rue Saint-Dominique. Il était alors la propriété du maréchal Kellermann, duc de Valmy. Bâti par le président Duret, il fut habité dans les premières années du xviiie siècle par Mme de la Vrillière, plus tard duchesse de Mazarin. Louise-Élisabeth de Bourbon-Condé, douairière de Conti, en fit l'acquisition, ainsi que d'une maison voisine, en 1732. (*Arch. nat.,*

1. KERNER (Vienne, 1788). Il a fabriqué aussi des cors d'harmonie estimés.

2. SOCQUET, luthier parisien (1710-1770). Main-d'œuvre plus qu'ordinaire. Il a laissé quelques violes, des altos et des violoncelles, ces derniers d'un petit patron.

3. SALOMON (J.-B. Deshayes), luthier parisien. Il a laissé des violoncelles et des violes. Son vernis est commun. Notre Conservatoire (n° 96 du Catalogue) possède une de ses violes. Les violoncelles sont ses meilleurs instruments.

R³ 5 ; LA TYNNA, *Dictionnaire des rues de Paris ;* LEFEUVE, *Les anciennes
Maisons de Paris :* Notice 43, p. 25.) Son petit-fils, Louis-François-Joseph,
prince de Conti, né le 1er septembre 1734, signa, en 1789, la protestation
des princes, émigra, rentra en France en 1790, fut arrêté et détenu à Mar-
seille jusqu'en 1793. Au 18 fructidor, il fut transporté aux frontières d'Espagne, et se retira à Barcelone, où il mourut en 1814. Toutefois il n'était plus
propriétaire, au moment de la Révolution, de l'hôtel de la rue Saint-Dominique, l'ayant vendu, par acte passé, le 20 janvier 1776, devant Me Lhomme,
notaire à Paris, à Louis-Marie-Athanase de Loménie, comte de Brienne,
maréchal des camps et armées du roi. (*Arch. nat.*, R³ 5.) C'est donc vraisemblablement aux Loménie qu'appartenaient les instruments saisis à l'hôtel
Conti. Le comte de Brienne, qui en fit l'acquisition, fut ministre de la
guerre en 1787 et 1788, et mourut sur l'échafaud, le 10 mai 1794, avec son
neveu Pierre-François-Marcel, archevêque de Trajanapolis et coadjuteur de
Sens. L'*Almanach royal* de 1788 donne son adresse rue Saint-Dominique.

Il existe aux *Archives nationales* un curieux dossier relatif à un Louis-
Victor de Loménie de Brienne, âgé de dix-huit ans, se disant fils de l'ancien
ministre de la guerre, arrêté à Morlaix comme ayant pris part à l'expédition
de Sombreuil sur Quiberon, jugé par une commission militaire et fusillé le
19 septembre 1798. (F⁷ 5741.)

MONTMORENCY

XI

Inventaire du 22 Floréal l'an II

47. — Un clavecin doré et peint en arabesques, sans nom.

48. — Un forte-piano d'Erard frères, Paris, année 1788 [1].

49. — Un pupitre, sans bobèches.

50. — Une guitare, sans nom.

51. — Un violon jaune ordinaire, fait par Pierre Saint-Paul, en 1740 [2].

52. — Un violon jaune ordinaire, fait par Ludovic Guersan, en 1738 [3].

53. — Un violon ordinaire, raccommodé par Le Claire [4], en 1768.

54. — Un violon ordinaire, fait par Chappuis [5], à Paris.

1. ERARD frères (Sébastien et Jean-Baptiste), célèbres facteurs de harpes et de pianos, inventeurs du piano à double clavier (piano et orgue), du piano transpositeur et de la harpe à double mouvement. S. Érard avait travaillé pendant quelque temps à Londres, mais toujours avec esprit de retour à Paris. Son piano à double échappement était un perfectionnement de premier ordre. Son neveu, Pierre Érard, contribua à assurer en Angleterre et en France la supériorité des produits de sa double fabrication. Sébastien Érard, né en 1752, termina sa longue carrière au château de la Muette, à Passy, en 1831.

2. SAINT-PAUL (Pierre), luthier parisien. Lutherie très ordinaire ; il a copié Bocquay. Bruni indique un verni jaune. Les altos et basses que nous avons vus étaient d'une couleur très pâle et très lavée.

3. GUERSAN (Ludovicus), successeur de Pierray. Ce luthier a beaucoup produit. Son vernis est sec et friable, mais d'assez bel aspect. Le Musée du Conservatoire possède quelques spécimens de la fabrication de ce luthier. La portée du son est courte, et le prix de ces instruments, un moment recherchés, a sensiblement baissé aujourd'hui. Ses étiquettes, dans un cartouche assez bien dessiné, indiquent qu'il habitait près de la Comédie-Française (1766).

4. LECLAIRE, lisez *Leclerc*, luthier parisien. Facture ordinaire. On a de lui quelques contrebasses d'orchestre (1765).

5. CHAPPUIS, lisez *Chappuy* (Nicolas-Augustin) (1760), luthier parisien. Facture inégale ; il a trop souvent employé des bois inférieurs. Quelques-uns de ses violons pourtant sonnaient bien. Habeneck jouait un Chappuy pendant la classe qu'il tenait au Conservatoire.

MONTMORENCY

Les dossiers de l'émigration sont nombreux au nom de Montmorency. La mention que l'on trouve ici ne permet pas d'identifier à coup sûr le personnage dont il est question. En l'absence du prénom, du titre et de l'adresse, nous supposerons qu'il s'agit du chef du nom et des armes de la maison de Montmorency. Anne-Léon, né le 11 août 1731, à Paris, et baptisé à Saint-Sulpice, suivant l'extrait joint à son dossier, fut appelé d'abord le marquis de Fosseux. Brigadier des armées du roi le 20 février 1761, puis maréchal-de-camp le 10 juin 1763, il épousa en secondes noces, le 21 septembre 1767, Charlotte-Anne-Françoise de Montmorency-Luxembourg, qui fut dame de la Reine. Elle porta à son mari le titre de duc de Montmorency. Bien qu'ayant embrassé les principes de la Révolution et donné de nombreuses preuves de civisme, Anne-Léon de Montmorency émigra. Sorti de France en mars 1791 muni de passeport pour se rendre dans sa terre de Modave près de Liège, il ne rentra point en temps utile pour échapper aux effets de la loi du 8 avril 1792, et ses biens furent saisis. Il mourut à Munster en Westphalie, le 14 fructidor an VII (31 août 1799). L'hôtel habité par le duc de Montmorency au moment de la Révolution était situé rue Saint-Marc. (*Arch. nat.*, F⁷ 5745.) Ce dossier contient quantité de mémoires, pétitions et correspondances relatives aux démarches faites par le duc de Montmorency et, après sa mort, par sa veuve et ses enfants pour obtenir sa radiation de la liste des émigrés et la restitution de ses biens.

Son fils aîné, Anne-Charles-François, duc de Montmorency, pair de France, né le 12 juillet 1768, à Paris, y mourut le 26 mai 1846. Émigré en même temps que son père, il servit dans l'armée des Princes, rentra en France en 1800, et se rallia à Napoléon Iᵉʳ; il fut créé comte de l'Empire en 1813, et nommé, en janvier 1814, major général de la garde nationale de Paris.

CROIX-D'AVRAY (*sic*)

XII

Inventaire du 9 Prairial l'an IIe

55. — Un clavecin, fond noir, à bandes dorées, fait par Andréas
Ruckers : *M^e fecit Antverpiæ,* année 1638 [1].

- -

DUC DE CROY D'HAVRÉ

Croy (Joseph-Anne-Auguste-Maximilien de), duc d'Havré, prince du
Saint-Empire, grand d'Espagne, né à Paris le 12 octobre 1744, colonel du
régiment de Flandre en 1767, maréchal-de-camp en 1784, député du bailliage d'Amiens aux États généraux. Il avait épousé, par contrat du 20 février
1762, sa cousine Adélaïde-Louise-Angélique-Gabrielle, princesse de Croy-
Solre, fille d'Emmanuel, duc de Croy, prince de Solre, maréchal de France
(Voyez ci-dessous, n° C), et d'Angélique-Adélaïde d'Harcourt. Les dossiers
de l'émigration contiennent un assez grand nombre de pièces relatives au
duc et à la duchesse d'Havré de 1792 à 1800, et particulièrement des certificats de résidence. La 57e partie de la liste des émigrés du département de
la Seine, arrêtée le 21 vendémiaire an III, portait l'inscription suivante :
Croï d'Havré et son épouse, rue de Lille. La duchesse ne suivit pourtant pas
son mari pendant l'émigration : elle résida tantôt à Paris, tantôt à Havré,
en Belgique (alors département de Jemmapes). Aussi obtint-elle facilement

1. Déjà cité.

sa radiation sous le Consulat. Le 24 thermidor an VIII (12 août 1800), elle habitait depuis deux mois rue de Grenelle, 96, avec son mari et ses enfants (*Arch. nat.*, F⁷ 5722). Le duc d'Havré devint, en 1814, lieutenant général des armées, pair de France et capitaine des gardes-du-corps. Il mourut le 14 novembre 1839, à l'âge de quatre-vingt-quinze ans. Le décès de sa femme avait eu lieu le 27 avril 1822. (POTIER DE COURCY, *Continuation de l'Histoire généalogique de la maison de France. —* Paris, Didot, in-fol., 1873, p. 345.)

BOULOGNE

XIII

Inventaire du 9 Prairial l'an IIe, place de la Révolution

56. — Un forte-piano anglais, de Schœne, année 1788, et remis au
C^en Sarrette, par ordre de Comité du salut public.

57. — Une forte-piano anglais, organisé, de Longuian (*sic*) et Broderip, n° 26 [1].

58. — Un violon dit Steiner, année 1554.

59. — Un violon dit Steiner, année 1664.

60. — Un alto-viola, sans nom.

61. — Un violon de Nicolaus Amatis (*sic*), année 1682 [2].

62. — Un alto-viola de Stradivarius [3], année 1710.

63. — Un forte-piano de Sebastianus Erard, année 1787.

64. — Contrebasse ordinaire.

65. — Un violoncelle de Castagnery, année 1757.

66. — Un violoncelle de Cabresy, année 1725.

67. — Une mandoline de Giô Bastâ, fabricatore, année 1780.

1. Broderip et Longuian (?) : ce dernier nom paraît mal transcrit. Broderip, suivant Fétis,
était un pianiste anglais, marchand de musique et fabricant d'instruments. La date de
1799 indiquée par Fétis est postérieure à l'époque qui nous occupe (1792-93). Broderip est
connu par des compositions pour le piano et pour la voix.
2. Nicolas Amati (1621-1672). Le plus illustre des Amati (fils de Pirolamo). Facture de
premier ordre pour la richesse des bois, le fini du travail et la transparence des vernis.
Les violons et les violoncelles d'Amati étaient fort recherchés à cette époque; la qualité
du son convenait merveilleusement à la musique de chambre telle qu'on la comprenait
alors. Aujourd'hui encore les Amati ont conservé toute faveur, et les prix élevés des beaux
spécimens se maintiennent.
3. Stradivarius (1667-1735). Cet illustre luthier a donné lieu à des publications trop
nombreuses pour que nous nous en occupions dans une courte note. Faisons seulement
remarquer que Bruni n'a signalé aucun *violon* de ce maître dans le présent inventaire,
mais des *altos-viola* (*sic*), aujourd'hui beaucoup plus rares que les violons.

BOULOGNE (TAVERNIER DE)

Après avoir été conseiller au parlement de Paris, Jean-Baptiste Boul-longne ou Tavernier de Boulogne, obtint une ferme générale dans le courant de 1787. C'est dans l'*Almanach royal* de l'année suivante qu'il paraît pour la première fois : son nom figure encore dans celui de 1789. Son domicile était alors rue Bergère. Il dut le transporter peu de temps après place de la Révolution, car les pièces du tribunal révolutionnaire lui donnent cette adresse, confirmant ainsi l'indication que porte notre inventaire. Lors des poursuites contre les fermiers généraux, Boulogne subit le sort commun. Ils avaient été d'abord consignés, on peut dire détenus, à l'hôtel des Fermes, sous prétexte de se mieux concerter, ainsi réunis, pour rendre leurs comptes. Les commissaires de la comptabilité n'ayant point été satisfaits des pièces qu'ils leurs fournissaient, on les traduisit devant le tribunal révolutionnaire. c'était une manière expéditive et sûre d'en finir... Ils avaient offert deux millions sur leurs biens ; mais on aimait mieux tous leurs biens. Au nombre des vexations dont on les accusait, il y avait une fraude sur laquelle on comptait pour ameuter contre eux la multitude : c'était « d'avoir introduit dans le tabac de l'eau et des ingrédients nuisibles à la santé ». Les fermiers généraux comparurent devant le tribunal le 19 floréal an II. 8 mai 1794, et furent tous condamnés à mort et exécutés le même jour. (WALLON, *Histoire du tribunal révolutionnaire*, t. III, p. 398-402 ; *Arch. nat.*, W., 362, dossier 785.)

Auguste-Philippe-Louis-Joseph Tavernier-Boulogne, fils du fermier général, avait émigré en Angleterre au commencement de 1792. Il était alors âgé de dix-huit ans. Puis au bout de quelque temps il rentra sur le territoire de la République, sans réclamer contre son inscription sur la liste des émigrés dans le délai prescrit par la loi. Il émigra de nouveau à la fin de 1794, et se retira en Suisse, chez les dames de Martainville, ses tantes, dans un village près de Lausanne. On fit valoir ces raisons, à la fin du Directoire, contre une instance en radiation qu'il avait introduite vers cette époque. (*Arch. nat.*, F⁷ 5749⁷.)

BECDELIÈVRE

XIV

Inventaire du 3 Messidor l'an IIe, rue Blanche, 7

68. — Un forte-piano organisé, par Sébastien Erard[1] et frères année 1790.
69. — Un forte-piano, sans clef.
70. — Une serinette ordinaire.

COMTE DE BECDELIÈVRE

Anne-Louis-Roger de Bec-de-Lièvre, comte de Cany, maréchal-de-camp, né le 13 avril 1739, mort à Paris le 24 juin 1789, avait été inscrit par erreur sur les listes des émigrés, bien que son décès eût précédé de près de deux ans les lois sur l'émigration. Aussi ses deux filles et héritières, Anne-Louise-Marie, mariée en 1787 à Anne-Christian de Montmorency-Luxembourg, duc de Beaumont, prince de Tingry, et Marie-Henriette, femme d'Anne-Louis-Christian, prince de Montmorency-Tancarville, invoquèrent cette illégalité pour obtenir la radiation de leur père et la restitution de ses biens, dans une requête adressée au ministre de la police, le 6 frimaire an IX, 27 novembre 1800. (*Arch. nat.*, F⁷ 5709.)

1. Déjà cité.

LAURAGAIS (*sic*)

XV

Inventaire du 16 Messidor l'an IIe, rue de Lille

71. — Un clavecin, fond noir, à bandes dorées, d'Andréas Ruckers :
Me fecit Antverpiæ, année 1616[1].

COMTE DE LAURAGUAIS

Louis-Léon-Félicité DE BRANCAS, appelé comte DE LAURAGUAIS tant que
vécut son père Louis II de Brancas, duc et pair de France, titré par le roi
de duc de Lauraguais. Il naquit le 3 juillet 1733, devint mestre-de-camp du
régiment Royal-Roussillon-cavalerie, puis, en 1758, membre de l'Académie
des sciences. On a sous son nom plusieurs ouvrages scientifiques, poli-
tiques et dramatiques. Voltaire lui dédia sa comédie l'*Écossaise*. Le comte
de Lauraguais avait épousé, le 11 janvier 1755, Élisabeth-Pauline de Gand de
Mérode de Montmorency, dont il se sépara quelques années après. Elle fut
condamnée à mort par le tribunal révolutionnaire et exécutée le 19 pluviôse an II (16 février 1794). Son mari avait aussi été mis en état d'arrestation comme suspect; mais, plus heureux qu'elle, il vit la fin du régime de
la Terreur. Le même tribunal, devenu plus humain, le rendit à la liberté,

1. Déjà cité.

par décision du 19 vendémiaire an III, 10 octobre 1793. (Voy., aux *Arch. nat.*, les carton W. 320, dossier 485, et W. 464.)

Sous la Restauration, Louis-Léon-Félicité de Brancas fut duc de Brancas et de Lauraguais ; il mourut le 8 octobre 1824, âgé de quatre-vingt-onze ans. Il eut deux fils, qu'il reconnut, de la célèbre cantatrice Sophie Arnould. (POTIER DE COURCY, *Continuation de l'Histoire généalogique du P. Anselme*, in-fol., 1873-1881. p. 290.)

ORSAY

XVI

Inventaire du 6 Messidor l'an IIe, rue de Varenne

72. — Un clavecin, fond rouge et ses pieds dorés, sans nom.

73. — Un forte-piano organisé, par Johannes Zumpe : *Londini fecit,*
   année 1771 [1].

74. — Une cage à serinette, un pupitre.

COMTE D'ORSAY

Pierre-Gaspard-Marie Grimod, comte d'Orsay en Lorraine et seigneur
d'Orsay près Paris, né le 14 décembre 1748, avait épousé à la fin de 1770,
étant capitaine au régiment de Lorraine-dragons, Marie-Louise-Albertine-
Amélie, née princesse de Croy et du Saint-Empire, qui mourut en couches,
laissant un fils nommé Jean-François-Louis-Marie-Albert-Gaspard, né le
19 mai 1772 à Paris. Pierre-Gaspard se remaria, en 1784, avec Marie-Anne
de Hohenlohe. Cette union, qui lui créa d'importants intérêts en Allemagne
(il était comte et *personnaliste* de l'Empire), nécessita de fréquents séjours
dans ce pays. A partir du mois d'octobre 1787, il résida assez longuement à
Francfort avec sa famille. Pendant ce temps, son fils du premier lit faisait
ses études à l'Université de Strasbourg ; on a la preuve de son séjour dans

------

1. Un forte-piano organisé de J. Zumpe, au même millésime, existe au musée du Conservatoire. — L'inscription complète porte : *Johannes Zumpe et Buntebart. Londini fecerunt, 1774, Princess street, Hanover square.*

cette ville de 1785 à 1788. Dès le commencement de la Révolution, le comte
d'Orsay et son fils ne quittèrent plus leurs possessions d'Allemagne ; ils pré-
tendirent même plus tard, dans l'intérêt de leur cause, s'y être fixés définitivement dès l'année 1787. Tous deux furent inscrits sur les listes d'émigrés
de Paris et des départements où ils avaient des propriétés. Sous le Directoire,
ils firent faire des démarches par un fondé de pouvoirs pour obtenir leur
radiation, arguant que leur absence ne devait pas être réputée émigration.
Comme pièce à l'appui, ils produisirent un certificat, signé de quatorze habi-
tants notables du quartier où se trouvait leur hôtel à Paris, portant que
« Pierre-Gaspard-Marie a constamment demeuré dans l'une de ses maisons,
rue de Varennes, n° 667, division de l'Ouest, ci-devant du *Bonnet-Rouge*,
jusqu'en 1787 qu'il est parti avec sa femme et ses enfants pour aller fixer
sa demeure en Allemagne, où il est resté depuis ». Cette pièce du 15 messidor an IV et d'autres fournies par les demandeurs furent jugées fausses ou
insuffisantes par les commissaires chargés d'examiner cette affaire, et un
arrêté rendu en conséquence par le Directoire, le 3 floréal an VI, maintint
le comte d'Orsay sur la liste. Son fils voulut rentrer en France sans autorisation l'année suivante. A son arrivée à Paris, il fut arrêté et mis en prison,
et après une procédure de quelques mois son maintien sur la liste fut également prononcé le 27 pluviôse an VII. Une nouvelle demande en radiation
fut introduite sous le Consulat, et elle aboutit à un meilleur résultat, mais
non sans difficultés. Il y a au dossier des lettres de recommandations pressantes du général Junot au Premier Consul ; une lettre du général Moreau au
ministre de la police, du 22 brumaire an X, portant qu'il s'intéresse vivement
à la réussite de cette affaire, et le priant de faire le plus promptement pos-
sible son rapport au gouvernement. Enfin la radiation définitive fut accordée
au père et au fils à la fin de l'année 1802 ou au commencement de 1803.
(*Arch. nat.*, F⁷ 5732 : dossier volumineux, au nom de Grimod d'Orsay.)

Les papiers saisis à l'hôtel de la rue de Varenne quand l'émigration du
comte d'Orsay fut constatée sont maintenant conservés aux *Archives* sous
les cotes T. 187, 1 à 8. Ce sont principalement des titres de propriété et des
correspondances d'affaires. Le riche chartrier de la seigneurie d'Orsay près
Paris fut aussi confisqué et transporté au chef-lieu du district ; il fait partie
des archives du département de Seine-et-Oise, à la préfecture de Versailles.

Sous la Restauration, Albert Grimod, comte d'Orsay, le fils du premier
lit de Pierre-Gaspard, fut créé lieutenant général des armées du roi ; il était
marié à Éléonore, baronne de Franquemont. Une de leurs filles épousa,
en 1818, le duc de Gramont.

CAUMONT-LAFORCE

XVII

Inventaire du 18 Messidor l'an IIe, rue de Grenelle-Saint-Germain, 367

75. — Un forte-piano de Schœne [1], année 1784.
76. — Un clavecin vert, à bandes dorées, sans clef.

CAUMONT LA FORCE

L'hôtel habité par les CAUMONT LA FORCE au moment de la Révolution était en effet situé rue de Grenelle. Le chef de la famille, Louis-Joseph Nompar de Caumont, duc de la Force, émigra ainsi que son frère. Le premier, né le 22 avril 1768, servit dans l'armée des Princes, rentra en France en 1809, où il reprit du service, et fit les dernières campagnes de l'Empire. Nommé duc et pair à la Restauration, il fut emprisonné pendant les Cent jours, et après le retour des Bourbons siégea à la Chambre haute jusqu'à sa mort, qui arriva à Saint-Brice, le 27 octobre 1838. Le second, François-Philibert-Bertrand Nompar, comte de Caumont, puis duc de la Force, naquit à Paris le 19 novembre 1772, et y mourut le 30 mars 1854. Il fut député de 1815 à 1827, et créé pair le 7 mars 1839. (POTIER DE COURCY, *Continuation de l'Histoire généalogique du P. Anselme,* in-fol. — Paris, Didot, 1873-1881, p. 224). Un de leurs parents qui demeurait rue Cassette, Armand-

---

1. SCHŒNE, déjà cité.

Henri-Hercule de Caumont, âgé de cinquante-un ans, ex-officier au régiment Provençal, arrêté comme suspect et enfermé à la prison des Carmes, comparut devant le tribunal révolutionnaire sous la prévention de conspiration, le 5 thermidor an II (23 juillet 1794), fut condamné à mort et exécuté le même jour. (*Arch. nat.*, W. 429, dossier 965, 2ᵉ partie.)

GILBERT DE VOISINS

XVIII

Inventaire du 17 Messidor l'an IIe, rue d'Enfer

77. — Un clavecin, fond noir, à fleurs dorées, par Joannes Ruckers[1] :
Me fecit Antverpiæ.

GILBERT DE VOISINS

D'une famille de robe illustre, Pierre GILBERT DE VOISINS, né à Paris
en 1748, était président à mortier au Parlement lors de la suppression de
cette cour souveraine par l'Assemblée constituante (6 septembre 1790). Au
commencement du mois de février 1791, il quitta la France avec sa femme
et ses enfants, et y rentra seul vers le milieu de l'année suivante. Ce fut sa
perte. Après avoir fait différents voyages à l'intérieur dans les six derniers mois de 1792 et les six premiers de 1793, de retour à Paris, il fut mis
en état d'arrestation à son domicile comme suspect, et le Comité de Sûreté
générale, par arrêté du 18 août 1793, le déclara prévenu d'émigration, et
ordonna qu'il serait constitué prisonnier à la Conciergerie et traduit devant
le tribunal révolutionnaire. Dans l'interrogatoire qu'il subit le 29 août
Gilbert de Voisins est dit âgé de quarante-cinq ans, natif de Paris, demeurant ordinairement rue d'Enfer, n° 158, et lors de son arrestation, rue du
Faubourg-Montmartre près la rue de Provence. Fouquier-Tinville, l'accusa-

1. Déjà cité.

teur public, lui reprocha d'avoir émigré, de s'être fait nommer chancelier des ci-devant princes pendant son séjour à Tournay et à Bruxelles, d'avoir fabriqué en cette qualité et propagé un manifeste contre-révolutionnaire, d'avoir réuni en cour de justice ses anciens collègues du Parlement émigrés, et provoqué un arrêt de cette assemblée *ridicule* protestant contre les actes de la Constituante, etc. Condamné à la peine de mort et à la confiscation de ses biens, l'ancien président à mortier porta sa tête sur l'échafaud le 25 brumaire an II, 17 novembre 1793. (*Arch. nat.*, W. 296, dossier 248.)

Il y a dans le même dépôt un dossier de pièces intéressantes produites par la veuve de Gilbert de Voisins, Anne-Marie de Merle d'Ambert, et ses deux enfants, Pierre-Paul-Alexandre (depuis premier-président de la Cour impériale pendant les Cent Jours, mort le 20 avril 1843) et Anne-Marie-Marthe, femme de Marie-Joseph-Eustache d'Osmond, pour obtenir la radiation de leur mari et père des listes d'émigrés et la levée du séquestre (F⁷ 5730). Mme Gilbert de Voisins demeurait, en 1800 et 1801, rue Haute-feuille, n° 8, suivant des lettres à elle adressées contenues dans un autre dossier à son nom. (*Idem*, T. 748.)

NOAILLES-MOUCHY

XIX

Inventaire du 14 Messidor l'an IIe, rue de l'Université, 193

78. — Un clavecin, de Hans Ruckers[1], fond noir, à fleurs dorées et
ses pieds sculptés, année 1606.
79. — Une vielle, ci-devant aux armes de France[2].
80. — Une épinette, année 1726.

VICOMTE DE NOAILLES-MOUCHY

Noailles-Mouchy (Louis-Marie de), 2e fils de Philippe de Noailles, duc
de Mouchy, prince de Poix, maréchal de France, et d'Anne-Claudine-Louise
d'Arpajon, né à Paris le 17 avril 1756, connu sous le nom de vicomte de
Noailles. Il fit la campagne d'Amérique avec Lafayette, et, député de la
noblesse du bailliage de Nemours aux États généraux, il se signala dès le
commencement par ses opinions avancées. Ce fut sur sa motion que furent
décrétées, dans la fameuse nuit du 4 août, l'égalité des impôts et l'abolition
des droits féodaux et des privilèges. Il fit ensuite partie du comité militaire,
fut nommé maréchal-de-camp (novembre 1791), et envoyé à l'armée du
Nord. Battu à Gliswel par le duc de Saxe-Teschen (mai 1792), il donna sa
démission et se retira en Angleterre, puis aux États-Unis. Il avait épousé sa

1. Déjà cité.
2. V. Avant-propos.

cousine Anne-Dominique de Noailles d'Ayen, qui périt sur l'échafaud révolutionnaire, le 22 juillet 1794, ainsi que son beau-père et sa belle-mère, le duc et la duchesse de Mouchy. Pendant l'absence du vicomte de Noailles, son nom fut porté sur les listes d'émigrés, ses biens furent confisqués et vendus. Dans les archives du ministère de la police, fonds de l'Émigration, se trouve un dossier au nom de Louis-Marie de Noailles, dont la pièce principale est un exposé de ses faits et gestes depuis son départ de France, qu'il dit avoir accompli le 5 juin 1792 à l'aide d'un passeport de la commune de Paris et avec l'agrément du ministre de la guerre Servan, jusqu'au milieu de 1799. Il donna à cet acte une forme authentique en le faisant rédiger par un notaire de Philadelphie le 6 juillet 1799. (*Arch. nat.*, F7 5 746.)

Le vicomte de Noailles rentra dans sa patrie l'année suivante, reprit du service, fut envoyé à Saint-Domingue par le Premier Consul en qualité de général de brigade (1803), et fut frappé mortellement dans un combat naval livré près de la Havane à une corvette anglaise qu'il enleva à l'abordage, le 5 février (*alias* 9 janvier) 1804. Les papiers saisis à son domicile en 1793 sont conservés aux *Archives nationales* sous le cote T. 194[1] à [23]. Ce sont des titres de propriété et autres actes d'intérêt privé. On y trouve particulièrement les titres de l'hôtel de la rue de l'Université, acquis par les Noailles du duc de Richelieu, au commencement du xviiie siècle.

THIROUX-MONDÉSIR

XX

Inventaire du 16 Messidor l'an IIe

81. — Un clavecin fond vert à bandes dorées, sans nom d'auteur.

THIROUX DE MONDÉSIR

THIROUX DE MONDÉSIR (Louis-Alexandre), brigadier de dragons, fils d'un président au parlement de Paris, A. Thiroux d'Arconville, frère de l'ex-lieutenant de police Louis Thiroux de Crosne, condamné à mort par sentence du tribunal révolutionnaire du 9 floréal an II (28 avril 1794), avait quitté Paris, se rendant à Bruxelles, dès le 24 juillet 1792. Sa mère, née de Harlus, essaya à plusieurs reprises, mais vainement, de le soustraire aux conséquences de la loi contre les émigrés, en écrivant aux membres du Directoire du département de Paris que la mauvaise santé de son fils avait motivé son départ, et qu'une maladie très grave empêchait son retour. Dans l'une de ses lettres, datée du 11 octobre 1792, elle donne son adresse, n° 20, rue Sainte-Avoye. Le 10 janvier 1802 (20 nivôse an X), le sieur Thiroux de Mondésir poursuivait encore sa radiation. (*Arch. nat.*, F7 5 749¹, dossier THIROUX.)

LA BORDE

XXI

Inventaire du 1ᵉʳ Thermidor l'an IIᵉ

82. — Un clavecin fond vert, à bandes dorées, mis à ravallement par Pascal Taskin, à Paris, année 1776[1].

83. — Un clavecin fond vert, à bandes dorées, avec les pieds cassés, raccommodé par Nadreau et fait par Pascal Taskin, année 1774.

84. — Une harpe, par H. Nadermann[2].

85. — Une harpe dorée, sans cordes.

86. — Un grand cor de chasse en cuivre, par Carlin.

87. — Un cor de chasse en cuivre, par Raoux[3].

88. — Une guittare (*sic*), par Pierre Louvet[4], année 1758.

89. — Une seconde guittare (*sic*), qui n'a point été finie, par Joas Correa de Almeida a fez em Lisbea.

90. — Une troisième guittare, dite mandola, par J.-P. Michelot, rue Saint-Honoré[5], année 1778.

91. — Une boîte de fer blanc avec des cordes.

---

1. Taskin (Pascal), célèbre facteur de clavecins, originaire de Liège, s'associa à François-Étienne Blanchet, maître facteur de clavecins, et épousa sa fille en 1757. Il succéda à son beau-père.

2. Naderman et non *Nadermann* (François-Joseph), facteur de harpes et instrumentiste distingué, né à Paris en 1773, élève de Krumpholtz. L'invention des harpes à fourchette, puis de la harpe à double mouvement, causa un grave préjudice à sa fabrication. Il a laissé de nombreuses compositions : sonates, duos et airs variés.

3. Raoux, facteur d'instruments de cuivre, et, suivant Fétis, d'une famille en possession de cette spécialité depuis près d'un siècle. Auteur de perfectionnements nombreux pour le cor d'harmonie.

4. Louvet (Pierre). Maître-juré comptable des luthiers de la Ville de Paris pour l'année 1742, Louvet s'est occupé des harpes, des violes, etc., sans exceller dans aucun de ces instruments. Il a pourtant laissé des harpes et des vielles d'une coupe très gracieuse et ornées de peintures galantes estimées.

5. Michelot (J.-P.). Facteur parisien. Guitares et mandolines. Joli vernis.

DE LABORDE

L'absence de toute autre indication, prénom, titre ou adresse, rend difficile l'identification certaine de ce personnage. Il s'agit sans doute d'un membre de la famille de l'ancien banquier de la cour de Louis XVI, Jean-Joseph, marquis de LABORDE, baron de Méréville et du Châtelet, condamné à mort et exécuté à soixante-douze ans, le 27 germinal an II (18 avril 1794), par sentence du tribunal révolutionnaire de Paris, comme coupable de conspiration et de relations avec son fils, émigré. (*Arch. nat.*, W., 348, dossier 702.) Il habitait à Paris, 7, rue d'Artois (baptisée Cérutti à partir de 1792 et plus tard Laffitte); il possédait six autres maisons à Paris : trois, sans compter son hôtel, dans cette même rue, dont une louée à lord Kerry (ci-dessous, n° XLVI); la cinquième sur le boulevard Montmartre; la sixième rue Saint-Honoré, et la septième rue Grange-Batelière; le château de Méréville (Seine-et-Oise), etc. Le marquis de Laborde fut porté sur les listes d'émigrés ainsi que ses deux fils François-Louis-Joseph et Alexandre-Louis-Joseph. Le premier avait été garde du trésor royal, puis membre de l'Assemblée Constituante. Dénoncé au tribunal révolutionnaire, il fut assez heureux pour se soustraire aux poursuites et se réfugier momentanément à l'étranger. Le second avait quitté la France un peu avant la convocation des États généraux, dans le but de perfectionner son instruction. Leur mère, Rosalie-Claire-Joséphe Nettine, marquise de Laborde, obtint un arrêté du Directoire, le 29 fructidor an IV (14 septembre 1796), qui lui restituait les biens de son mari; puis dans les deux années qui suivirent elle parvint par d'autres démarches à faire prononcer successivement la radiation de ses deux fils (F⁷ 5735).

Le personnage inscrit en tête de cet article de notre catalogue pourrait être aussi bien une autre victime du tribunal révolutionnaire, Jean-Benjamin de Laborde, ancien fermier général, condamné à l'échafaud et exécuté le 4 thermidor an II, 22 juillet 1794. (W., 438, dossier 963.)

MAUBEC

XXII

Inventaire du 16 Messidor l'an II

92. — Un clavecin en bois de noyer, par Jean Henri Silbermann, année 1769, à Strasbourg[1].

BARON DE MAUBEC

Maubec (Laurent Planelli de Mascrany de la Valette, baron de). Les nombreux papiers saisis à son domicile, quand il émigra, fournissent des renseignements sur ses propriétés, particulièrement sur le beau château et la terre de Thorigny près de Sens, dont il avait fait l'acquisition des créanciers de la succession du président Lambert de Thorigny, le 12 mars 1759 ; mais ils sont à peu près muets sur sa personne. Il avait épousé Thérèse Lenfant, et demeurait, en 1766 et années suivantes, rue du Bac, paroisse Saint-Sulpice. (*Arch. nat.*, T. 191¹ à ⁵⁷.)

1. Silbermann (Jean-Henri), le plus jeune des fils d'André (Strasbourg, 1727), facteur de clavecins et de pianos, et plus spécialement de pianos, — très renommés en Angleterre.

CLERMONT D'AMBOISE

XXIII

Inventaire du 24 Messidor l'an IIe

93. — Un clavecin en acajou, superbe, bande et pieds dorés et
sculptés, sans nom d'auteur et sans pupitre.

94. — Un petit clavecin pour mettre dessous (*sic*).

MARQUIS DE CLERMONT D'AMBOISE

CLERMONT D'AMBOISE (Jean-Baptiste-Charles-François, marquis de), dont
il s'agit ici, était né à Paris le 6 août 1728, et avait été baptisé le même
jour à Saint-Roch. Second fils de Jean-Baptiste-Louis, marquis de Reuil, et
de sa première femme, Henri de Fitz-James, il fut appelé d'abord le chevalier de Clermont-Gallerande et devint colonel du régiment de Bretagne
après la mort de son frère aîné (1746). Maréchal des camps et armées du
roi, gouverneur de Chaumont, ambassadeur en Portugal en 1767, puis à la
cour du roi des Deux-Siciles, il obtint, en récompense de ses services, par
brevet du 7 janvier 1784, une pension de 14662 livres 10 sous, qui lui fut
confirmée le 9 août 1791 (nouveau brevet, signé : Montmorin). Il avait
épousé, par contrat de juin 1769, la fille du marquis de Moustier. Une assez
grande quantité de papiers saisis au domicile du marquis de Clermont
d'Amboise, après qu'il eut émigré, se trouve aujourd'hui aux *Archives nationales*, répartie dans huit cartons (T. 301[1] à [8]). Ce sont surtout des titres de

propriété et des pièces de comptabilité. Nous en avons extrait les notes qui précèdent. On y voit aussi que l'hôtel habité par M. de Clermont était situé rue Royale, paroisse Saint-Roch, mais jusqu'en 1789 seulement, car des quittances d'impôts et de contributions patriotiques des années 1790 et 1791 indiquent son domicile rue de Montholon.

DE CELLES (*sic*)

XXIV

Inventaire du 29 Thermidor l'an IIe

95. — Un clavecin gris, sans nom d'auteur.

DE SELLE

De Selle (Charles-Antoine) — (ainsi est écrit son nom dans les dossiers de l'émigration), — né à Paris en 1750, y demeurant rue de Cléry, 62, suivant deux certificats de résidence, depuis le 1er septembre 1791 jusqu'au 2 septembre 1792, date de son départ pour l'armée. Il rejoignit la légion du Midi à Villefranche, où il se trouvait dès le 25 de ce mois, et servit comme capitaine au 24e régiment de chasseurs à cheval, dans diverses garnisons, jusqu'au 20 juillet 1793. On le retrouve aux Sables-d'Olonne le 6 octobre de cette année, avec le titre d'adjoint aux adjudants généraux de l'armée de cette région. Muni d'un congé, il se rendait à Paris. Il y fut arrêté comme suspect et enfermé au Luxembourg. Pourquoi fut-il inscrit sur les listes d'émigrés ? Toujours est-il qu'il en fut rayé provisoirement par arrêtés du département de Paris des 2 et 29 nivôse an II (18 janvier 1794) et définitivement par arrêté du Comité de législation du 21 pluviôse an III (9 février 1795) signé : David de l'Aube, Eschesseriaux, Louvet, rapporteur, Durand de Maillane, Pons de Verdun (*Arch. nat.*, F⁷ 5 724). Ces commissaires, statuant sur une demende ancienne, paraissent avoir ignoré que Charles-

Antoine de Selle était mort alors, victime de la prétendue conspiration des prisons. Transféré le 18 messidor an II du Luxembourg à la Conciergerie avec 156 de ses compagnons de captivité, il fit partie du troisième groupe envoyé à l'échafaud par le tribunal révolutionnaire le 22 messidor, 10 juillet 1794. (*Arch. nat.*, W., 409, dossier 941.)

FEMME ROUX

XXV

Inventaire du 29 Thermidor l'an IIe

96. — Un clavecin gris, par Antoine Valter, année 1725[1].

ROUX

Les dossiers de la police relatifs aux émigrés, les papiers séquestrés révolutionnairement ni les archives du tribunal révolutionnaire ne fournissent aucun renseignement sur cette dame. Dans le fonds du séquestre se trouvent neuf cartons de titres saisis au domicile parisien de Sixte-Louis-Constance de Roux DE BONNEVAL, chanoine de Paris, abbé et seigneur de l'abbaye de Saint-Léonard de Corbigny (T. 16 ¹ à ⁹). Victor-Charles-François de Roux DE PUIVERT, lieutenant de vaisseau, chevalier de Malte, fut condamné à mort par le tribunal révolutionnaire, et exécuté le 22 messidor an II. (WALLON, *Hist. du Trib. révol.*, T. IV, p. 441.) Ce sont les deux seuls personnages du nom de Roux que nous ayons rencontrés.

1. Facteur originaire de la Suisse allemande, fixé à Paris vers 1715. Instruments ordinaires et très simples d'ornementation.

ENGUIEN (*sic*)

XXVI

Inventaire du 29 Thermidor l'an IIe

97. — Un forte-piano en acajou, sans nom d'auteur, provenant de la
maison de la Révolution.

ENGUIEN (Duc d'Enghien)

On peut supposer avec quelque vraisemblance que cette mention
désigne Louis-Antoine-Henri de Bourbon-Condé, duc d'Enghien. Né à Chan-
tilly le 2 août 1772, il suivit son frère dans l'émigration et fit toutes les
campagnes de l'armée de Condé. Après le licenciement de son corps d'armée,
il se retira à Ettenheim, sur la rive droite du Rhin. C'est là que le Premier
Consul le fit arrêter et enlever par une troupe de soldats français, conduire
et enfermer à Vincennes, puis fusiller dans les fossés du château, la nuit
du 21 mars 1804.

SURGÈRES

XXVII

Inventaire du 24 Fructidor l'an IIe, rue de la Ville-Lévêque, 1298

98. — Un clavecin fond vert, à bandes dorées, année 1645.

COMTE DE SURGÈRES

Surgères (Charles-Henri de Grange-Puiguyon, comte de), colonel du régiment de Bourgogne-infanterie. C'est lui-même qui avait acheté l'hôtel de la rue de la Ville-Lévêque, par contrat passé le 4 juillet 1774, devant Me Laideguine, notaire à Paris. Il était bâti sur un terrain s'étendant jusqu'à la rue de Suresnes, et appartenait antérieurement à Anne-Henriette Boucheral, femme de Jean-Antoine Thibault de Waxheim, capitaine de cavalerie. Le comte de Surgères le paya 130 000 livres, plus 10 000 livres pour les meubles qui le garnissaient. Cet acte et d'autres titres de propriété de terrains et bâtiments voisins que le comte de Surgères avait également acquis vers cette époque, pour s'agrandir, se trouvent aux Archives nationales, formant le résidu des papiers saisis en l'hôtel de la rue de la Ville-Lévêque, à cause de l'émigration constatée de son propriétaire. (T., 75.)

BRIGNARD

XXVIII

Inventaire du 26 Fructidor l'an II

99. — Un forte-piano de Fredericus Beck, année 1779 [1].
100. — Une harpe de Cousineau, avec une boîte de fer blanc [2].

BRIGNARD

Nous n'avons rien trouvé à ce nom, ni dans les papiers de la police relatifs aux émigrés, ni dans le fonds du séquestre, ni dans les archives du tribunal révolutionnaire. Il ne figure même point sur la *Liste générale des émigrés*.

1. Beck (Chrétien-Frédéric), pianiste et compositeur. Il a pu donner son nom à un facteur anglais. Les nombreux homonymes ne correspondent pas à la date inscrite par Bruni. Le seul *Beck* constructeur d'orgues et de clavecins vivait dans les dernières années du xvie siècle. Il avait le prénom de *David*.
2. Cousineau. Déjà cité.

MOREL CHÉDEVILLE

XXIX

Inventaire du 26 Fructidor l'an IIe, rue Pierre, 14

101. — Un violon ordinaire, sans nom.
102. — Un violon par Œgidius Kloz (*sic*)[1], année 1765.
103. — Un alto ordinaire, sans nom.
104. — Un alto ordinaire, sans nom.

MOREL CHÉDEVILLE

MOREL CHÉDEVILLE. C'était par erreur que ce nom avait été porté sur la liste des émigrés ; du moins, il en fut rayé le 7 novembre 1794 (17 brumaire an III), par arrêté du département de Paris, dont voici les considérants : « Vu le mémoire présenté par le citoyen Étienne Morel, demeurant ci-devant à Paris rue Pierre, et actuellement marchand de bois à Nonancourt (Eure), par lequel il demande à être rayé ; vu aussi les pièces jointes : 1° certificat de la section de Guillaume Tell, visé et enregistré le 8 brumaire, qui prouve qu'il a demeuré à Paris rue Pierre depuis le 7 septembre 1791 jusqu'au 30 avril 1793 ; 2° autre certificat de la commune d'Issy-

---

1. KLOTZ, l'un des fils de Mathias, imitateur de Stainer et le moins estimé des trois frères Klotz. Beaucoup d'instruments des Klotz passent pour des Stainer ; mais la facture des imitateurs est loin d'égaler celle du maître original, le plus digne représentant de l'école tyrolienne.

l'Union, 9 témoins, qui prouve sa résidence en la commune de Clamart-le-
Vignoble depuis le 1er mai 1793 jusqu'au 4 octobre suivant; 3° extrait
d'une déclaration par lui faite à la commune de Nonancourt, le 18 dudit
mois d'octobre, portant qu'il fixait sa résidence audit lieu pour l'exploita-
tion des bois qu'il y avait achetés... ; 4° un certificat de résidence à Nonancourt
depuis le 18 octobre 1793 jusqu'au 16 fructidor an II, etc. » (*Arch. nat.*,
F⁷ 5746.)

DUVANCELLE (*sic*)

XXX

Inventaire du 11 Vendémiaire l'an IIe, rue Cadet, 8.

105. — Un forte-piano, de Johannes Pohlman, année 1772[1].

* * *

DUVAUCEL

Duvaucel (Louis-Philippe) (et non du Vancelle), était l'un des fermiers généraux, englobés dans les poursuites dirigées par le tribunal révolutionnaire, qui périrent sur l'échafaud, le 19 floréal an II, 8 mai 1794 (voy. leur procès et la sentence aux *Arch. nat.*, W. 362, dossier 783). Il était âgé de trente-huit ans, et ne faisait, au moment de la Révolution, qu'entrer dans l'administration des fermes. Une note émanant de l'administration de la police nous apprend qu'il changea fréquemment de domicile dans les dernières années; jusqu'au 1er novembre 1790, il demeura rue du Bac; ensuite il alla s'établir rue des Fossés-du-Temple, où il resta du 15 décembre 1791 jusqu'au 15 août 1792. A cette époque, il alla habiter rue de l'Université, n° 898, d'où il partit pour passer quelque temps à Bièvre (Seine-et-Oise), où il avait une propriété. L'on a plusieurs certificats de résidence à son nom émanant des officiers municipaux de cette localité. Entre temps, Duvaucel avait fait un voyage en Hollande. Enfin, au moment de son arrestation, il habi-

---

1. Pohlman (Johannes) (Vienne), bon facteur autrichien, rival de Zumpe et de Silbermann.

tait, rue Cadet, un appartement qu'il avait loué à bail. Ces notes se trouvent dans une liasse saisie à ce dernier domicile, et aujourd'hui conservée aux Archives; elle contient surtout des correspondances et pièces de comptabilité relatives à l'administration de sa ferme ou à ses affaires particulières. (T. 499.)

MAISON ÉGALITÉ

XXXI

Inventaire du 14 Vendémiaire l'an IIIe

106. — Un forte-piano de Fredericus Beck [1], *Londini fecit,* année 1779.
estimé 600 francs.

MAISON ÉGALITÉ

Le Palais-Royal, résidence des ducs d'Orléans depuis 1692 que Louis XIV
le céda à son frère, prit en 1793 le nom de Palais ou Maison Égalité, en
souvenir du surnom que la commune de Paris donna à Louis-Philippe-
Joseph, duc d'Orléans, né à Saint-Cloud le 13 avril 1747, mort sur l'échafaud, à Paris, le 6 novembre 1793.

1. Déjà cité.

LAVOISIER

XXXII

Inventaire du 13 Vendémiaire l'an IIIe, boulevard de la Madeleine, 243

107. — Un forte-piano, de Zimmerman, fait à Paris en 1786, estimé
400 francs [1].

LAVOISIER

Lavoisier (Antoine-Laurent), le célèbre chimiste, né le 26 août 1743 à
Paris, était fils d'un riche commerçant. Fermier général en 1769, directeur
général des poudres et salpêtres (1776), il s'occupa aussi avec succès
d'agriculture et d'économie politique. En 1789, il fut élu député suppléant à
l'Assemblée constituante, et commissaire de la Trésorerie en 1791. Il prit la
part la plus active aux travaux de la commission instituée pour la création
du nouveau système de poids et mesures. Malgré tous ses titres à la recon-
naissance publique, Lavoisier ne put échapper à la proscription qui frappa
tous les anciens fermiers généraux : il fut traduit avec eux devant le tribunal révolutionnaire et condamné à mort, le 19 floréal an II, ou 8 mai
1794. Parmi les documents conservés aux Archives nationales concernant
cet illustre savant, nous citerons le dossier relatif à son arrestation
(F⁷ 4757) et le jugement du tribunal révolutionnaire de Paris (W. 362,
n° 785).

---

1. Zimmermann, facteur de pianos. Sa fabrication n'a pas laissé un grand renom. Il
est le père de Zimmermann (Pierre-Joseph-Guillaume), pianiste et ancien professeur au
Conservatoire.

PRÉDICANT

XXXIII

Inventaire du 12 Vendémiaire l'an IIIe, rue du Petit-Lion, 33

108. — Un violon jaune, sans nom.
109. — Un violon commun, fait par Grand Gérard[1].
110. — Une guitare, sans nom.

PRÉDICANT

PRÉDICANT (Louis-Dominique-Augustin), notaire, âgé de trente-neuf ans, demeurant à Paris rue du Petit-Lion-Saint-Sauveur, assistait comme témoin à décharge à l'audience du tribunal révolutionnaire du 17 pluviose an II, 5 février 1794, où fut condamnée la marquise de Marbeuf (ci-dessous, n° LXXVI), quand Fouquier-Tinville requit son arrestation immédiate, sous prétexte qu'un autre témoin figurant en cette affaire, le nommé Maurel, l'accusait de l'avoir suborné en lui donnant dix mille livres en assignats pour qu'il ne révélât point ce qu'il savait à la charge de la marquise, mais au contraire fît une déposition en sa faveur. Après une détention de quinze jours, Prédicant fut traduit de ce chef devant le tribunal révolutionnaire, qui le condamna à mort comme complice de la marquise de Marbeuf, le 4 ventôse, 23 février 1794. La sentence fut exécutée le même jour. (Voy. ce procès aux *Arch. nat.*, W. 328, dossier 541.)

1. GRAND GÉRARD (Mirecourt). Violons et contre-basses d'orchestre. Ses instruments sont marqués au fer sur le talon du manche.

MENUS PLAISIRS

XXXIV

Inventaire du 17 Vendémiaire l'an IIIe

111. — Un forte-piano, de Fredericus Beck, année 1774[1].

112. — Un forte-piano, sans nom, indiqué n° 37.

113. — Un clavecin noir, à bandes dorées, par Pascal Taskin, élève de Blanchet, en 1770, n° 15[2].

114. — Un clavecin peint en fleurs, mis en ravalement, par Pascal Taskin, en 1774.

115. — Un clavecin fond jaune, sans pieds et à figures, de Joannes Ruckers, *Me fecit Antverpiæ*, n° 1.

116. — Un clavecin fond noir, à bandes dorées, fait par Antoine Valter, en 1724.

117. — Un clavecin fond noir, à bandes et fleurs dorées, sans nom, indiqué n° 29.

118. — Une épinette fond noir, à bandes dorées, sans nom.

119. — Un cor de chasse en cuivre, dans une boîte.

LES MENUS-PLAISIRS

Le siège de l'administration des *Menus-Plaisirs du Roi* se trouvait, au moment de la Révolution, *rue Bergère* et rue du Faubourg-Poissonnière. C'est dans les bâtiments de cet hôtel que fut installé, sous le Consulat, le Conservatoire de musique, créé par la loi du 18 brumaire an II et organisé par celle du 16 thermidor an III.

1. Beck. Déjà cité.
2. Taskin. Ruckers et Valter. Déjà cités.

BOUTIN

XXXV

Inventaire du 6 Brumaire l'an IIIe

120. — Un forte-piano de Schœne, [1] 1787.

BOUTIN

Boutin (Simon-Charles), trésorier général de la marine sous Louis XVI, connu par son beau jardin anglais, qu'il avait nommé Tivoli (la rue de ce nom nous en garde le souvenir), était né à Orléans en 1720, et demeurait à Paris rue de la Loi (c'est-à-dire de Richelieu), n° 105, au coin de la rue Ménars. Il fut l'une des victimes innocentes du tribunal révolutionnaire. Atteint d'une paralysie du côté droit qui le privait de l'usage d'un bras et d'une jambe, il partit, sur l'ordonnance des Drs Portal et Dubois, pour les eaux de Bath en Angleterre, le 14 mai 1792, muni d'un passeport absolument régulier. Pendant son absence, fut promulgué le décret de la Convention du 23 octobre 1792 bannissant à perpétuité tous les citoyens français qui avaient émigré et punissant de mort ceux qui rentreraient dans leur patrie. Fort de la régularité de sa situation, mais craignant d'avoir été inscrit par erreur sur les listes d'émigrés, ce qui avait eu lieu en effet Boutin rentra en France de son plein gré, pour réclamer contre cette mesure illégale. Arrêté à son arrivée à Calais, le 5 février 1793, et ramené à

-----

1. Déjà cité.

Paris, il fut d'abord tenu pendant six mois en état d'arrestation à son domicile, avec des gardiens à sa charge, puis transféré à l'hôtel Talaru (aussi rue de Richelieu), transformé en maison d'arrêt de la section Le Peletier, où il se trouva enfermé avec l'ancien propriétaire, le marquis de Talaru. Enfin, le 30 messidor an II (18 juillet 1794), il fut amené à la Conciergerie, et, quatre jours après, traduit devant le tribunal révolutionnaire. L'acte d'accusation de Fouquier-Tinville porte que « Boutin, ancien trésorier de la marine, a entretenu des correspondances et intelligences avec les ennemis de le République et notamment avec l'Angleterre, où il prétend avoir voyagé jusqu'en 1793. Il est évident qu'il tramait avec Pitt et Georges contre la République française. » Condamné à mort, Simon-Charles Boutin fut exécuté le 4 thermidor. Il était alors âgé de soixante-quatorze ans et n'avait jamais été marié. Son frère, Charles-Robert Boutin, ancien intendant des finances, dont les trois fils avaient émigré, poursuivit longtemps la restitution de son important héritage, à la fin du Directoire et sous le Consulat. (*Arch. nat.* F⁷ 5712 et W. 428, dossier 963.)

LA FERTÉ

XXXVI

Inventaire du 17 Vendémiaire l'an IIIe, rue Bergère

121. — Un orgue de Schweickart, facteur d'orgues, rue de la Poterie, près de la Grève, n° 24, fait à Paris en 1781.

PAPILLON DE LA FERTÉ

Papillon de la Ferté Denis-Pierre-Jean), commissaire des Menus-Plaisirs du Roi avant le Révolution, avait conservé son habitation dans les bâti-ments où siégeait l'*Administration des Menus* (Voyez ci-dessous, n° XXXIV). C'est là qu'il fut arrêté comme suspect et enfermé dans la prison du Luxem-bourg. Lorsqu'on inventa, pour se débarrasser des malheureux qui encom-braient les maisons d'arrêt, la conspiration dite des Prisons, la Ferté fut compris parmi les 157 détenus qu'un arrêté du Comité de Salut public du 17 messidor an II (5 juillet 1794) fit transférer du Luxembourg à la Con-ciergerie et traduire en trois groupes devant le tribunal révolutionnaire. Sur l'acte d'accusation de Fouquier-Tinville, Papillon de la Ferté est ainsi désigné : « Commandeur de Malthe (*sic*), âgé de 67 ans, ex-commissaire des Menus depuis 36 ans, né à Châlons, département de la Marne, demeurant au cy-devant magazin des Menus ». Il fit partie de la première fournée, composée de soixante victimes, qui montèrent sur l'échafaud deux jours après, le 19 messidor. (*Arch. nat.*, W. 409, dossier 941.)

BACQUENCOURT

XXXVII

Inventaire du 17 *Vendémiaire l'an IIIe, rue Bergère,* 1001

122. — Un clavecin peint et doré, de Hans Ruckers [1], *Me fecit Antverpiæ*, mis en ravalement par Pascal Tasquin *(sic)*, à Paris, en 1771.

BACQUENCOURT

Rien trouvé sur ce personnage. Le nom de Bacquencourt ne figure même pas sur la *Liste générale des émigrés*.

1. Déjà cité.

MARBEUF

XXXVIII

Inventaire du 6 Vendémiaire l'an IIIe

123. — Un buffet d'orgues en bois noir, sans nom.

MARBEUF

Ce nom de MARBEUF reviendra deux fois encore dans le présent inventaire (ci-dessous n°s LXXVI et LXXVIII). Comme la marquise de Marbeuf, dont il est question en ces deux endroits, possédait plusieurs maisons à Paris, on pourrait supposer qu'il s'agit ici d'instruments déjà saisis dans l'un de ses hôtels non spécifié. Mais l'hypothèse pourrait aussi ne pas se trouver justifiée; car la Liste générale des émigrés du département de Paris renferme, à la date d'octobre 1793, un personnage de ce nom différent de la marquise : c'est la veuve de Louis-Charles-René, comte de Marbeuf, né à Rennes le 4 octobre 1712, mort à Bastia le 20 septembre 1786, oncle du marquis. Il avait été envoyé en Corse en 1762 pour occuper l'île au nom des Génois, qui la cédèrent à la France (1768), et, après la retraite de Paoli en Angleterre (juin 1769), il resta chargé de l'administration du pays, où il protégea tout particulièrement la famille Bonaparte. Le comte de Marbeuf avait épousé en secondes noces Catherine-Salingerra-Antoinette de Gayardon de Fenoyl. Dans un acte officiel du 5 mai 1791, elle est dite veuve du comte de Marbeuf, *seigneur du marquisat de son nom dans l'île de Corse*, « premier gentilhomme de la chambre du feu roi de Pologne, lieutenant général des armées du Roi et de l'île de Corse, commandant en chef dans cette île et grand'-croix de l'ordre royal et militaire de Saint-Louis, *ladite dame locataire d'un hôtel rue de la Planche, faubourg Saint-Germain, n° 100, y demeurant ».* (*Arch. nat.*, T. 784 : dossier de titres de propriétés et de procédures de la comtesse de Marbeuf saisis à ce domicile.) Il existe dans le même dépôt, fonds de la Police, un autre dossier de pièces produites par la comtesse de Marbeuf pour se faire rayer de la liste des émigrés. On y voit qu'elle était née à Paris, qu'elle était âgée de trente-deux ans en l'an V (1797), qu'elle était propriétaire rue de Grenelle-Saint-Germain, n° 384, d'un hôtel qu'elle n'avait jamais habité ni loué. Pendant la Terreur, la comtesse de Marbeuf s'était réfugiée dans une de ses terres à Apinac (département de la Loire), où elle fut informée, en l'an III, que ses biens avaient été séquestrés puis vendus à Paris. Elle adressa alors une réclamation à la municipalité d'Apinac, prétendant qu'on l'avait confondue avec la feue marquise de Marbeuf née Michel (Voy. ci-dessous, n° LXXVI), et demandant un certificat de résidence pour prouver qu'elle n'avait pas quitté sa patrie. Ce certificat, joint aux autres pièces, porte que la *citoyenne Marbeuf* a demeuré continuellement dans cette localité depuis le 16 février 1792 jusqu'au 3 thermidor an V. Un arrêté du département de la Seine du 3 nivôse an VIII (24 déc. 1799) accorda à la comtesse de Marbeuf sa radiation provisoire. Au dossier est jointe une lettre de recommandation de Lucien Bonaparte. du 19 messidor an VII (F⁷ 5 730).

LA CHAPELLE

XXXIX

Inventaire du 24 Vendémiaire l'an IIIe, faubourg Montmartre, 26

124. — Un clavecin peint en gris, à bandes dorées, fait par Joseph Treyer, surnommé Lempereur, à Paris, 1770, estimé 250 fr[1].

LA CHAPELLE

LA CHAPELLE (Charles-Gilbert), né à Lyon en 1755, avait été premier commis du ministre Laporte, l'intendant de la liste civile de Louis XVI après la suppression du ministère de la Maison du Roi, qui avait été guillotiné le 28 août 1792. Prévenu de complicité avec son ancien chef, il fut mis en état d'arrestation au mois de germinal an II, et enfermé dans la maison d'arrêt de Picpus, puis transféré à la Conciergerie par arrêté du Comité de Sûreté générale du 11 prairial, 30 mai 1794. Traduit devant le tribunal révolutionnaire, il fut condamné à mort, et monta sur l'échafaud le 27 messidor suivant, 15 juillet. Ce qui contribua le plus à le perdre, ce fut l'argenterie armoriée que l'on saisit chez lui avec des médailles à l'effigie du Roi, de la Reine et de Necker. Nous n'avons point trouvé d'autre personnage de ce nom, et cependant il n'est pas absolument sûr que ce

1. TREYER dit l'Empereur. Bon facteur parisien. Il a aussi laissé quelques instruments à cordes estimés. Il a été maître-juré comptable de la corporation des luthiers (1750).

soit de lui dont il est question en cet endroit de notre inventaire, car, dans l'interrogatoire qu'il subit au moment de son transfert à la Conciergerie, Charles-Gilbert la Chapelle déclara qu'il demeurait à Passy, rue Charlier, depuis le 15 janvier 1791 (*Arch. nat.*, W., 416, dossier 952), tandis que l'adresse indiquée ici est la rue du Faubourg-Montmartre.

CASTRIES

XL

Inventaire du 26 Vendémiaire l'an IIIe

125. — Un forte-piano de Schœne [1], année 1785.

MARQUIS DE CASTRIES

Castries (Charles-Eugène-Gabriel de la Croix, marquis de), né le 25 février 1727, entra au service à seize ans. Lieutenant général en 1758, il battit
le prince de Brunswick à Clostercamp. Après la paix, il fut successivement
gouverneur de la Flandre et du Hainaut, ministre de la Marine (1780), puis
maréchal de France (1783). Au commencement de la Révolution, il émigra,
et servit dès 1792 dans l'armée de Condé. Sa mort survint le 11 janvier 1801,
à Wolfenbüttel. Un résidu des papiers saisis à son hôtel forme un dossier
des *Arch. nat.* (carton T, 442). Ce sont principalement des titres de propriété concernant le maréchal, Gabrielle-Thérèse de Rosset de Fleury, sa
femme, et Armand-Nicolas-Augustin (1756-1842), leur fils aîné, qui épousa
Marie-Louise-Philippine de Guines, fut député aux États généraux, com-
manda un corps d'émigrés en Portugal, etc. Rentré en France avec
Louis XVIII, ce prince le créa duc de Castries, pair de France et lieutenant
général. De quelques-uns de ces papiers il résulte que l'hôtel habité par le
maréchal de Castries au moment de la Révolution était situé rue de Varenne.

1. Déjà cité.

BOUTHILLIER

XLI

Inventaire du 3 Brumaire l'an IIIe

126. — Un clavecin peint et doré, sans nom d'auteur.

127. — Un forte-piano, d'Érard frères [1], année 1789.

128. — Un violon, verni à l'huile, sans nom.

129. — Un violon jaune ordinaire.

MARQUIS DE BOUTHILLIER

La liste imprimée des émigrés du département de la Seine contient les noms de trois Boutiller (*sic*) : 1° Boutillier, ex-marquis, inscrit le 13 avril 1793 ; 2° Boutillier (Charles-Léon), inscrit le 8 août 1793 ; 3° Boutillier, ex-maréchal-de-camp, inscrit le 24 août 1792. Il y a là une confusion évidente, et ces trois mentions doivent se rapporter à un seul et même personnage, Charles-Léon, marquis de Bouthillier-Chavigny, né à Paris le 21 juin 1743, mort au château de Sillières (Seine-Inférieure) le 18 décembre 1818. Député de la noblesse du Berry aux États généraux, nommé maréchal-de-camp en 1791, il émigra à la fin de cette année et servit dans l'armée du prince de Condé. Sous la Restauration, il devint lieutenant général. L'hôtel de Bouthillier était situé rue des Fossés-Montmartre (aujourd'hui rue d'Aboukir), près l'hôtel de la Liberté. (Voy. le dossier Bouthillier, qui contient, entre autres pièces, une dénonciation du 23 mars 1793 contre la marquise de Bouthillier, demeurée à Paris après la fuite de son mari, et qui correspondait avec lui : *Arch. nat.*, F⁷ 5712.)

1. Déjà cités.

XAVIER

XLII

Inventaire du 29 Prairial l'an IIIe

130. — Un clavecin fond noir, à bandes dorées, par Johannes Ruc-
    kers : *Me fecit Antverpiæ*.
131. — Un clavecin fond noir, à bandes dorées, sans nom.
132. — Un forte-piano de Joannes Zimmermann [1], *fecit* en 1780.
133. — Quatre pupitres.

XAVIER

Sur la Liste générale des émigrés figure un FRANÇOIS XAVIER, domicilié à
Paris, propriétaire à Foucherolles, district de Montargis (Loiret), dont
l'absence était constatée dès le 11 juin 1792. Il nous a été impossible de
recueillir d'autres renseignements sur ce personnage.

1. Déjà cité.

GRIMM

XLIII

Inventaire du 16 Messidor l'an IIe

134. — Un clavecin fond noir, à bandes dorées, par Antonius Valter,
Lutetiæ Parisiorum, année 1755.
135. — Un forte-piano de Johannes Pohlman,[1] année 1771.

GRIMM

GRIMM (Frédéric-Melchior, baron de), le célèbre critique et littérateur,
né à Ratisbonne le 27 décembre 1723, mort à Gotha le 19 décembre 1807.
Il vint à Paris comme gouverneur des enfants du comte de Schomberg.
Nommé secrétaire du duc d'Orléans, il fut choisi par le duc de Saxe-Gotha,
l'impératrice de Russie et plusieurs princes d'Allemagne comme corres-
pondant littéraire, et à ce titre il leur rendit compte pendant trente-sept ans
(1753-1790) de tous les ouvrages publiés en France. Cette *Correspondance
littéraire*, dont il existe plusieurs éditions, prend place parmi les plus précieux mémoires du XVIIIe siècle. Grimm eut aussi le titre officiel d'envoyé
du duc de Saxe-Gotha en France, où il resta en cette qualité jusqu'en 1790.
Il quitta alors Paris, avec le corps diplomatique, pour se retirer à Gotha,

1. Déjà cité.

mais non sans espoir de retour, car il laissait dans son hôtel de la Chaussée-
d'Antin des œuvres d'art, des meubles précieux et sa bibliothèque. Toutes
ces richesses furent spoliées au mois d'octobre 1793. Il existe aux *Archives
nationales*, entre autres documents relatifs à Grimm, un inventaire des
objets d'art enlevés de son hôtel, sous la date du 6 prairial an II (F^{17} 1192²)
et des papiers divers, pièces de comptabilité, notes curieuses, etc., trouvés
chez lui (T. 319 ⁴⁻⁵).

MAILLEBOIS

XLIV

Inventaire du 25 Messidor l'an IIe

136. — Un petit timpanon, dit psalterion.
137. — Une vielle de Claude Girod.

COMTE DE MAILLEBOIS

Maillebois (Yves-Marie Desmaretz, comte de), né en août 1715, fils du maréchal de Maillebois et petit-fils du contrôleur général Nicolas Desmaretz, s'intitula dans les actes voisins de l'époque révolutionnaire : « chevalier des ordres du Roi, lieutenant général de ses armées, gouverneur des ville et citadelle de Douai ». Le maréchal demeurait au moment de sa mort rue Saint-Dominique, près la rue du Bac. L'adresse du comte de Maillebois, dans des pièces de 1779 et sur des lettres missives de 1789 conservées aux *Archives nationales,* porte : « En son hôtel, rue de Grenelle, faubourg Saint-Germain, paroisse Saint-Sulpice ». Le comte de Maillebois se prononça fortement, lors des États généraux, contre tous les plans de réforme ; il fut dénoncé en 1790 au Comité des recherches de l'Assemblée nationale, et décrété d'accusation pour avoir rédigé un plan de contre-révolution, qui devait être appuyé par la cour de Sardaigne. Il s'enfuit dans les Pays-Bas, et mourut à Liège le 14 décembre 1791. Il avait épousé Marie-Madeleine-Catherine du Voyer de Paulmy d'Argenson, qui lui survécut. Un carton de papiers concernant ce personnage fait partie du fonds du séquestre aux

Archives nationales (T. 68). Il contient un dossier de correspondance, des titres généalogiques remontant au xvie siècle et bon nombre de titres de propriété provenant de la succession du marquis de Ganay, dont le comte de Maillebois fut légataire universel. On y rencontre aussi des pièces intéressantes touchant des concessions de terrains à Cayenne. Dans les papiers des émigrés, on trouve un petit dossier renfermant deux lettres adressées au préfet de police le 29 messidor an VIII, pour l'aviser que Jean-Joseph Desmaretz, ancien directeur des subsistances militaires à Valenciennes, prévenu d'émigration, est autorisé à rester en France et à résider à Paris pour suivre sa radiation définitive, mais placé cependant sous la surveillance de la police (F⁷ 5724). Nous ne savons s'il était parent du comte de Maillebois.

GOUGENOT

XLV

Inventaire du 6 Thermidor l'an IIe

138. — Un piano anglais de Johannes Zumpe, en 1769[1].

139. — Une basse, sans nom.

140. — Un violon ordinaire, dit Steiner.

GOUGENOT

GOUGENOT (Louis-Georges), ancien syndic de la Compagnie des Indes, ancien maître d'hôtel du Roi et employé à la liquidation de la régie générale en qualité d'ancien receveur, comparut devant le tribunal révolutionnaire avec neuf autres accusés, sous la prévention d'avoir conspiré contre la République, en entretenant des intelligences et correspondances avec les émigrés. Une note porte : « Gougenot est aux Madelonettes ». La sentence de mort prononcée contre lui en particulier le 29 germinal an II (18 avril 1794) fut exécutée le jour même (*Arch. nat.*, W., 348, d[r] 702 bis). Sa femme se nommait Marie-Madeleine Tovière Collignon, et ils demeuraient rue de Choiseul. C'est du moins l'adresse que porte un acte authentique du 31 janvier 1791, faisant partie d'un petit dossier de papiers séquestrés (*Arch. nat.*, T., 746, dossier GOUGENOT). Les *Almanachs royaux* de 1787 à 1790, au chapitre Compagnie des Indes, indiquent le domicile de L.-G.

---

1. Johannes ZUMPE et STEINER. Déjà cités.

Gougenot cul-de-sac Saint-Hyacinthe, rue de la Sourdière, et son procès au tribunal révolutionnaire porte qu'il habitait rue Le Peletier, n° 5. Ces diverses adresses sont toutes exactes, car, dans un interrogatoire qu'il subit le 16 mars 1794, Louis-Georges Gougenot déclare qu'il est « âgé de trente-six ans, employé à la liquidation de la ci-devant régie générale, natif de Paris, y résidant rue Pelletier, n° 5, depuis le 1er janvier 1792, et demeurant auparavant rue de Choiseul, maison de la ci-devant régie générale, actuellement occupée par la régie nationale de l'Enregistrement, etc. » W, 348, dossier 702 bis.)

KERRY

XLVI

Inventaire du 13 Brumaire l'an IIIe, rue Cerutti, 5

141. — Un forte-piano anglais de Schœne, *successor* de Johannes Zumpe, *Londini fecerunt*, estimé 800 francs [1].

142. — Une guittare (*sic*), par Saunier [2], à Paris, estimée 12 francs.

143. — Une guittare en bois d'ébène, avec des armes, estimée 120 francs.

144. — Un quinton, en forme de violon, estimé 20 francs.

145. — Un tambourin démonté, provenant de la femme Calonne, estimé 8 francs.

LORD KERRY

KERRY (François-Thomas, lord), comte, pair membre du Parlement d'Irlande, gouverneur de la province de Kerry dans ce royaume, né à Dublin le 15 juin 1740, fils de lord Fitz-Maurice et de lady Gertrude, résidait en France depuis près de vingt ans au commencement de la Révolution. Il avait habité d'abord rue des Champs-Élysées à Paris, paroisse de la Madeleine de la Ville-Lévêque, puis, à partir du mois de mars 1790, n° 5, rue

1. On compte plusieurs facteurs anglais du nom de Zumpe : Zumpe and Vuntebart (1770), Zumpe and Mayer (1776). Ces derniers ont signé de nombreux clavecins.

2. SAUNIER, luthier lorrain, établi à Paris en 1770. Il a laissé aussi quelques bons violons. Il fut maître de Pique.

d'Artois, un hôtel que lui loua pour trois, six ou neuf années, et moyennant le prix de 16 000 livres par an, Jean-Joseph marquis de Laborde, baron de Méreville. Après avoir meublé cette maison à grands frais, lord Kerry quitta Paris au mois de septembre 1792, muni d'un passeport régulier, pour se rendre à Bruxelles, à Aix-la-Chapelle, puis dans son pays natal. Comme il n'était pas rentré au bout de six mois, le département de Paris le considéra comme émigré et fit procéder à la saisie de ses propriétés en France. Le mobilier qui garnissait son hôtel de la rue d'Artois fut en partie vendu et en partie transporté dans les dépôts de la République, ces derniers consistant surtout en argenterie, tableaux, bronzes, livres et autres objets de curiosité. Dès qu'il fut informé de cette spoliation, lord Kerry s'empressa de protester. Le curieux dossier à son nom que conservent les *Archives nationales* renferme plusieurs lettres de réclamation du comte ou de ses fondés de pouvoir d'avril à décembre 1793. Il en résulte qu'il ne parvint point à se faire restituer ses biens. Sa dernière lettre est datée de Neuchâtel en Suisse, le 19 janvier 1794. Après avoir rappelé ses précédentes réclamations, il ajoute : « Vous m'avez tout pris, messieurs, de ce que j'ai laissé chez vous ; vous m'avez pris pour la valeur de 20 000 livres sterling et au delà. Ayez la générosité de me rendre mes *papiers*, et, sinon tous mes portraits de famille, du moins celui de ma femme... » (F⁷ 5735). On conserve encore aux *Archives nationales* une partie des papiers saisis chez lord Kerry (T. 451¹ à ¹⁰).

La rue d'Artois avait été nommée par la ville, en 1792, rue Cerutti, en mémoire de J.-A.-J. Cerutti, né à Turin le 13 juin 1738 et mort à Paris en février 1792. Elle porte actuellement le nom de Laffitte.

DOLCY

XLVII

Inventaire du 11 Brumaire l'an IIIe, rue du Verdelet, 10

146. — Une harpe faite par J. Louvet [1], estimée 270 francs.

DOLCY

Dolcy (Charles), (mieux Dolci), ex-comte, âgé de quarante-neuf ans, né
à Florence, demeurant à Paris, rue Verderet, n° 6, sous-lieutenant au régiment d'Alsace, était détenu à la prison de Saint-Lazare comme suspect,
avec André Chénier, Roucher et bien d'autres, quand éclata l'affaire dite la
Conspiration des prisons. Soixante-quinze détenus de cette maison d'arrêt
furent traduits de ce chef devant le tribunal révolutionnaire en trois
groupes, les 6, 7 et 8 thermidor an II (24-26 juillet 1794) et tous envoyés à
la guillotine. Le comte Dolci fit partie de la seconde fournée, ainsi que les
deux poètes, un Montalembert, un Montmorency, d'Houdetot, le baron de
Trenck, etc. (*Arch. nat.*, W. 431, dossier 969.)

On a remarqué que notre inventaire porte l'adresse du comte Dolci,
rue du Verdelet, et les pièces du tribunal révolutionnaire, rue Verderet :
c'étaient deux rues différentes qui existaient alors, la rue Verdelet allant
de la rue Plâtrière à la rue de la Jussienne, et la rue Verderet commen-
çant rue de la Grande-Truanderie et finissant rue Mauconseil. Nous ne savons de laquelle il s'agit.

1. Déjà cité.

GARDE MEUBLE

XLVIII

Inventaire du 28 Vendémiaire l'an IIIe

147. — Un violon commun, dans son étui.

GARDE-MEUBLE

GARDE-MEUBLE (L'hôtel du), à l'angle de la rue Royale et de la place Louis XV (aujourd'hui de la Concorde), avait été construit vers 1760, sur les dessins de l'architecte J.-A. Gabriel, ainsi que l'hôtel en face, de l'autre côté de la rue, où fut installé le ministère de la Marine.

AMBASSADEUR D'ESPAGNE

XLIX

Inventaire du 12 Brumaire l'an IIIe, rue de l'Université

148. — Un forte-piano de Sébastien Érard, année 1786, estimé 600 francs[1].

149. — Un orgue anglais d'Érard Pistor, estimé 1,000 francs.

150. — Un forte-piano organisé d'Adam Berger, *Londini fecit,* année 1775, estimé 1,200 francs.

151. — Un clavecin anglais de Thoaner, année 1772, estimé 2,000 fr.[2].

152. — Trente-deux planches gravées, estimées 130 francs.

AMBASSADE D'ESPAGNE

Le dernier ambassadeur du Roi Catholique auprès de Louis XVI fut le comte de Fernan-Nunez. Il figure sur les Almanachs royaux depuis l'année 1788 jusqu'à 1792 inclusivement, et quitta le territoire français, avec les autres membres du corps diplomatique, lors de la proclamation de la République. Pendant la durée de sa mission à Paris, il résida, ainsi que son personnel, à l'hôtel Soyecourt, rue de l'Université. Cet hôtel n'était pas toutefois affecté particulièrement à l'ambassade d'Espagne, car le comte d'Aranda, prédécesseur du comte de Fernan-Nunez, demeurait place Louis XV.

1. Déjà cité.
2. Les estimations de Bruni continuent à être favorables aux instruments de facture anglaise. (V. Avant-Propos.)

ÉCURIES DE CHARTRES

L

Inventaire du 12 Brumaire l'an IIIe

153. — Une lyre anglaise dorée, de Made-Pol, n° 78, estimée 250 fr.

154. — Un clavecin anglais, en acajou, tout neuf, fait par Johannes
Broadvood[1], *Londini fecit,* année 1789, estimé 2,000 fr.

ÉCURIES DE CHARTRES

L'aîné des fils du duc d'Orléans se nommait, comme on le sait, DUC DE
CHARTRES. Il s'agit donc, selon toute apparence, des écuries du fils de
Philippe-Égalité Louis-Philippe duc de Chartres, le futur Roi des Français.
Mais nous n'avons pu déterminer leur emplacement, les ouvrages relatifs
à la topographie parisienne ne fournissant aucun renseignement sur ce
point. A la fin du siècle dernier, il y avait à Paris deux rues de Chartres,
ainsi baptisées en l'honneur du fils aîné du duc d'Orléans : la première,
percée vers 1780 sur l'emplacement de l'ancien hospice des Quinze-Vingts,
allait du Carrousel à la place du Palais-Royal, au coin de la rue Saint-
Thomas-du-Louvre : c'est dans celle-ci que se trouvaient les écuries du Roi ;
la seconde, régnant le long du parc Monceau, propriété des d'Orléans, com-
mençait rues de Monceau et de Valois, et se terminait à la barrière de Cour-
celle. Le duc d'Orléans avait ses écuries rue Vivienne.

---

1. BROADVOOD (John), à Londres, fondateur de la grande fabrique de clavecins et de
pianos.

MAISON DE SÉQUESTRE DE SAINT-PRIEST

LI

Inventaire du 8 Brumaire, faubourg du Roule

155. — Un clavecin peint en rouge, avec les pieds dorés et sculptés, sans nom, provenant de Noailles, estimé 400 francs.

156. — Un clavecin fond jaune, peint en fleurs, fait par François Blanchet en 1749, sans pieds, provenant de Saint-James : estimé 90 francs[1].

157. — Une harpe couleur acajou, faite par Lejeune fils, à Paris[2], estimée 160 francs.

158. — Un violon ordinaire, fait par Le Lièvre[3], à Paris, en 1760, provenant de Phelipeaux, estimé 25 francs.

159. — Un forte-piano, par Christopher Qanter, *Londini fecit,* année 1784, estimé 720 francs.

HOTEL DE PRIEST

L'hôtel de la rue du Faubourg-du-Roule était la propriété du comte de Saint-Priest en 1789, comme on le voit par les quittances de l'imposition

---

1. Blanchet (Armand-François-Nicolas) : clavecins et pianos renommés. Élève de Pascal Taskin.

2. Lejeune (François), bon luthier parisien. Il a laissé des contre-basses et des altos estimés. Il a été maître-juré comptable de la corporation des luthiers (1764).

3. Lelièvre (Pierre), luthier parisien, originaire de Mirecourt. Facteur très ordinaire.

des vingtièmes par lui payées, quittances qui se trouvent au milieu des papiers saisis chez lui après qu'il eut émigré (*Arch. nat.*, T. 417 ¹ à ³). François-Emmanuel Guignard, comte de SAINT-PRIEST, né à Grenoble le 12 mars 1735, mort à Saint-Priest près de Lyon le 26 février 1821, fut successivement ministre plénipotentiaire à Lisbonne (1763), ambassadeur à Constantinople (1768-1785), en Hollande (1787), ministre d'État sans portefeuille (déc. 1788, 12 juillet 1789), puis secrétaire de la maison du Roi et ministre de l'intérieur jusqu'en décembre 1790. Pendant l'émigration, il s'attacha à Louis XVIII, qui le nomma ministre de sa maison. Il ne put rentrer en France qu'en 1814, fut alors nommé lieutenant général et, l'année suivante, pair de France.

Son frère cadet, Marie-Joseph-Emmanuel de Guignard, vicomte de Saint-Priest, ancien intendant du Languedoc, emprisonné sous la Terreur, fut compromis par une lettre de sa fille, et périt sur l'échafaud le 9 messidor an II, 27 juin 1794. (H. WALLON, *Histoire du Tribunal révolutionnaire de Paris*, T. IV. p. 336, 338.)

MAISON DE L'ÉMIGRÉ LOSTANGE

LII

Inventaire du 19 Brumaire, rue de la Madeleine

160. — Un clavecin fond vert, à bandes dorées, sans nom, estimé
250 francs.
161. — Un violoncelle, par Jean Robert Chibou [1].
162. — Un alto ordinaire, par Chibou, Paris.
163. — Un petit violon, sans nom.
164. — Un violon, sans nom.
165. — Un violon, sans nom, et cinq archets. Les 5 art. d^{ers}, le tout
estimé ensemble 100 francs.

LOSTANGES

Parmi les noms inscrits sur les 21ᵉ et 69ᵉ parties de la liste des émigrés du département de la Seine, on trouve : LOSTANGE (*femme*), *rue de la Madeleine-Ville-Lévêque*, n° 7, 27 *septembre* 1793, et LOSTANGES (*femme*), *même demeure*, 19 *fructidor an III*. — Marie-Élisabeth-Charlotte-Pauline Galluccio de l'Hôpital, marquise de Lostanges, avait en effet quitté Paris, mais non le territoire de la République. Elle produisit deux certificats

[1]. Luthier parisien, qu'il ne faut pas confondre avec les Thiboust (Jacques et Adolphe). — Chibou a laissé des instruments d'orchestre très ordinaires.

constatant que du 8 février 1792 au 16 messidor an V elle n'avait cessé de résider à Orléans. Ces pièces et quelques autres qui figurent à son dossier furent jugées suffisantes par le préfet de la Seine pour motiver la radiation provisoire de la marquise de Lostanges (Délibération du 16 messidor an VIII, 5 juillet 1800). Elle avait alors soixante ans. Son mari, Armand-Louis-Marie-Stanislas, marquis de Lostanges, né le 3 septembre 1722, maréchal-de-camp et premier écuyer de Mme Adélaïde de France, était mort à Paris le 6 février 1769. L'un de leurs fils, Charles de Lostanges, avait fait hommage au Premier Consul d'un ouvrage topographique avec relation de différents voyages qu'il avait accomplis en Afrique, et fit valoir ce travail et le bon accueil qu'il avait reçu pour obtenir la radiation définitive de sa mère. (*Arch. nat.*, F⁷ 5741, dossier L'HOPITAL.)

Un autre fils de la marquise de Lostanges, Christophe-Louis-Adhémar, qui n'avait pas quitté sa mère et avait résidé avec elle à Orléans pendant les années 1792-1797, produisit les mêmes pièces et arriva à un résultat semblable. (F⁷ 5742, dossier LOSTANGES.)

MAISON DE DURNEY

LIII

Inventaire du 23 Brumaire, rue de la Loi, 152

166. — Un clavecin peint, refait par Baltazard Peronard, année
1777, estimé 500 francs[1].

167. — Un violoncelle, avec son étui, de Pierre-François Grosset,
année 1739, estimé 90 francs[2].

168. — Un boîte en bois d'acajou avec un alto recoupé par Chatelain,
à Paris, en 1782, estimé 180 francs.

169. — Un étui, avec un violon, dit Nicolaus Admatius (*sic*), Crémo-
nien, année 1660, estimé 72 francs.

170. — Une flûte, par Lot, estimée 8 francs; une seconde flûte, par
Delusse, estimée 12 francs.

DURNEY (?)

Ce nom de Durney doit être défiguré : on ne le trouve ni sur les listes
des émigrés ni sur l'état général des personnes traduites devant le tribunal
révolutionnaire.

La rue de la Loi est le nom porté par la rue Richelieu pendant la période
révolutionnaire. Elle reprit le nom de Richelieu en 1806.

1. Péroxard (François-Balthazard), facteur de pianos parisien, restaurateur d'instruments.

2. Grosset (Paul-François), facteur parisien; lutherie très ordinaire; élève de Pierray.

MAISON DE LA BAUME MONTREVEL

ÉMIGRÉ

Rue de Verneuil, section de la fontaine de Grenelle

LIV

171. — Un basson dans son étui, par Prudent, à Paris, estimé 20 fr.

172. — Une flûte de Chous Leux, estimée 6 francs, provenant de Dampierre.

COMTE DE LA BAUME MONTREVEL

La Baume, comte de Montrevel (Florent-Alexandre-Melchior de), maréchal des camps et armées du Roi, puis député à l'Assemblée constituante, né le 18 avril 1736, était fils de Melchior-Esprit, comte de Montrevel, et de Florence du Châtelet. On trouva dans les papiers saisis chez lui au moment de son arrestation des mémoires de réparations faites en son hôtel de la rue de Verneuil pendant les années 1791, 1792, 1793 ; mais l'on voit qu'en 1790, et jusqu'au 8 février 1792, il habitait rue de Sèvres, n° 119 (ailleurs n° 1,087), un hôtel que lui sous-louait le prince Camille de Rohan, ambassadeur de l'ordre de Malte à Rome, qui lui-même le tenait à bail de Mme de la Tour-du-Pin. Dans les premiers mois de 1793 et jusqu'au 15 mai le comte de Montrevel séjourna à Orléans ; il y a des quittances à son nom d'un appartement garni qu'il y occupe. Dans un acte de vente d'une « maison, ensemble l'hôtel de la Comédie garni de ses décorations, situés en la ville

de Macon », dont il se défit le 8 mars 1793, moyennant la somme de
152 500 livres, il est dit « demeurant ordinairement à Paris rue de Verneuil».
La liasse T. 942 des *Archives nationales*, dont sont tirés ces renseignements,
contient beaucoup de titres de propriété et de mémoires de fournisseurs du
comte de Montrevel.

Député de la noblesse du Maconnais, il avait été l'un des premiers à se
réunir au tiers-état. Mais à la fin de 1793 ce n'était plus un titre pour
vivre en sécurité. Arrêté comme suspect et détenu au Luxembourg, le
comte de Montrevel fut victime de la prétendue conspiration des prisons
qui coûta la vie à presque tous ses compagnons de captivité. Cent cinquante-
sept personnes, qui n'avaient entre elles rien de commun que d'avoir été
enfermées dans la même prison, furent transférées, dans la nuit du 18 au
19 messidor an II, du Luxembourg à la Conciergerie, par arrêté du Comité
de Salut public, jugées en trois groupes par le tribunal révolutionnaire, et
toutes envoyées à l'échafaud. Le comte de Montrevel fit partie du premier
groupe, qui comprenait soixante prisonniers. Son exécution eut lieu le
19 messidor, 7 juillet 1794. (*Arch. nat.*, W. 409, dossier 941.)

DU MOBILIER DE

L'ÉMIGRÉE FEMME D'ECQUEVILLY

DÉPOSÉ

Chez la C^{sse} Deick, rue des Trois-Pavillons, 492

LV

173. — Un forte-piano, par Korwer, année 1783, estimé 300 francs.

VICOMTESSE D'ECQUEVILLY

Eyck (Marie-Anne-Joséphine-Antoinette-Ursule d'), fille du comte d'Eyck, qui remplit pendant trente-deux ans les fonctions d'envoyé de l'Électeur de Bavière à la cour de France, avait épousé Amable-Charles Hennequin, vicomte d'Ecquevilly, maréchal-de-camp. Elle retourna dans sa famille avec son mari à la fin du mois d'avril 1791. (Voy. ci-dessous le n° LXXX.) Leur domicile à Paris à cette époque était rue Neuve-Saint-Gilles au Marais. Il paraît, d'après la note jointe ici à son nom, que la vicomtesse d'Ecquevilly, au moment de quitter la France, avait fait déposer une partie de ses meubles dans cette maison de la rue des Trois-Pavillons, sous le nom et la sauvegarde de sa mère, la comtesse d'Eyck, née de Konigsfeld, qui resta à Paris pendant la tourmente révolutionnaire et s'employa plus tard auprès des consuls pour obtenir la radiation de sa fille et de son gendre de la liste des émigrés. (*Arch. nat.*, F⁷ 5733.)

MAISON BRETEUIL

LVI

174. — Un clavecin fond noir, à bandes dorées, sans nom.

BARON DE BRETEUIL

BRETEUIL (Louis-Auguste Le Tonnelier, baron de), né à Preuilly (Indre-et-Loire) en 1733, mort à Paris le 2 novembre 1807. Après avoir rempli grand nombre de missions diplomatiques, il fut nommé conseiller d'État en 1783, et la même année Louis XVI lui confia le ministère de sa maison. Il quitta ce poste par suite de son opposition à la convocation des États généraux. Président du conseil des finances (juillet 1789), il ne garda ce poste que cinq jours, et ne tarda pas à émigrer en Suisse, où il reçut du Roi des pouvoirs pour traiter avec les puissances étrangères. Il rentra en France en 1802. D'après l'*Almanach royal* de 1787, le baron de Breteuil avait son hôtel rue du Dauphin, nommée rue de la Convention en 1792.

Un autre membre de cette famille qui avait son domicile ordinaire à Paris et fut porté sur la liste des émigrés, c'est Anne-François-Victor Le Tonnelier de Breteuil, évêque de Montauban et député à l'Assemblée constituante. Né le 18 janvier 1724 à Paris, de Claude-Charles de Breteuil et de Laure O'Brien, il mourut dans les prisons de Rouen le 27 thermidor an II. Comme il fut inscrit néanmoins sur les listes d'émigrés, ses biens furent séquestrés. Un assez volumineux dossier de pièces concernant ce personnage, produites par ses héritiers en 1802 pour être remis en possession de sa succession, existe aux *Archives nationales*, dans le carton F⁷ 5741.

MAISON DE DISNEY FITCHE

ANGLAIS, ÉMIGRÉ

LVII

Inventaire du 1ᵉʳ Frimaire, rue d'Anjou, faubourg Saint-Honoré, 973

175. — Un clavecin très beau, de Joannes Ruckers[1], *Me fecit Ant-verpiæ*, année 1637.

L. DISNEY FITCHE

Lewis Disney Fitche, fils de John Disney, esquire, né en 1738 et baptisé le 11 novembre de cette année en l'église de Saint-Pierre-Lastgate, à Lincoln (Angleterre), fixé plus tard à Burgplace (comté d'Essex), était venu en France et y avait acquis des *immeubles considérables*, entre autres une maison à Paris, rue d'Anjou-Saint-Honoré, 21, où il établit sa résidence. Il avait quitté son pays avec sa famille dans l'intention de voyager. Au moment de se rendre en Suisse, muni d'un passeport délivré par la Convention, le 14 mars 1793, il avait eu soin de faire aux autorités constituées la déclaration des biens qu'il possédait en France, les plaçant sous leur sauvegarde. Néanmoins ses propriétés furent confisquées dans les départements de Paris et de Seine-et-Oise, et son mobilier fut vendu ou enlevé sur

1. Déjà cité.

réquisition, par suite des décrets déclarant confisqués tous les biens des Anglais en France. Louis Disney fut en outre inscrit sur les listes des émigrés de ces deux départements, bien qu'il ne fût pas citoyen français. « On ne peut être étranger et émigré », dit-il avec raison dans un mémoire rédigé pour obtenir sa radiation. Il ajoute qu'il avait déjà saisi le bureau du Domaine national d'une demande en restitution de tous ses biens saisis et qu'on lui objectait seulement cette qualité d'émigré. A ce mémoire, signé de H.-P. de Lucé, fondé de pouvoirs de Disney, et non daté, se trouvent joints son extrait de baptême et une procuration notariée du 19 septembre 1793. Rien n'indique la suite qui fut donnée à la requête de Louis Disney Fytche. (*Arch. nat.*, F⁷ 5724.)

MAISON SAINTE-MARIE

LVIII

Inventaire du 1ᵉʳ Frimaire, rue Garancière, 1103, derrière le temple Sulpice

176. — Une harpe de Cousineau père et fils[1].

SAINTE-MARIE D'AGNEAUX

Agneaux (Jean-Jacques-René de Sainte-Marie d'), ancien officier d'infanterie, mourut en 1787, laissant à Françoise-Louise de Pestalozzi, sa femme, un fils, Hippolyte-Jean-Jacques-René, né à Paris le 3 janvier 1775. Celui-ci n'avait donc que quatorze ans en 1789, quand il fut envoyé par son oncle et tuteur J.-B. de Vissec, demeurant rue de Tournon, à l'Université d'Heidelberg, pour y perfectionner son éducation. C'est du moins ce qu'il fit valoir au ministre de la police, en 1802, pour obtenir sa radiation. Il avait un autre parent, Auguste-François de Sainte-Marie, propriétaire, demeurant rue des Fossoyeurs, autrement Servandoni. La proximité de ces deux rues habitées par ses parents avec la rue Garancière, où l'on voit ici que se trouvait la maison de Sainte-Marie, donne à supposer qu'il s'agit bien du personnage qui vient d'être nommé ; mais le dossier à son nom conservé aux *Archives nationales* (F⁷ 5 749⁴) n'en fournit point la preuve certaine.

---

1. Déjà cités.

MAISON DAIX

ÉMIGRÉ

LIX

Inventaire du 1er Frimaire, rue de Sèvre, 1091, en face de l'abbaye des Bois

177. — Un forte-piano, fait par Damball, à Courbevoye, en 1784, aux Gardes-Suisses du Roi (*sic*).

DAIX

Nous n'avons trouvé aucun renseignement sur cet émigré. Les listes, si peu explicites d'ailleurs, ne contiennent, pour Paris, sous ce nom, que « DAIX (femme), domiciliée à Paris, possédant des biens dans cette ville, dont l'émigration a été constatée le 8 août 1793 ».

MAISON DE BIRON DE LAUZUN

LX

Inventaire du 2 Frimaire, rue de Lille, 345

178. — Un forte-piano de Joannes Pohlman[1], *Londini*, année 1773.
179. — Un deuxième forte-piano, fait par Baltazard Peronard, à Paris, année 1771.
180. — Un violon commun de Joseph Aman[2], année 1701.

DUC DE GONTAUT-BIRON

GONTAUT (Armand-Louis de), duc de Lauzun, puis duc de Biron, né à Paris le 15 avril 1747. Il prit part avec Lafayette à la guerre de l'indépendance des États-Unis, où il se distingua, devint maréchal-de-camp, et fut élu, en 1789, député de la noblesse de Quercy aux États généraux. Nommé général en chef de l'armée du Nord, il s'empara de Quiévrain, essuya le lendemain un grave échec, fut envoyé à l'armée du Rhin (9 juillet 1792), passa à l'armée des Côtes de la Rochelle le 15 mai 1793, et remporta divers succès sur les Vendéens. Mais il ne s'accommoda pas des officiers jacobins et offrit sa démission. On lui répondit en le destituant. Mis en état d'arrestation et emprisonné à l'Abbaye, il fut traduit devant le tribunal révolutionnaire, qui le condamna à mort comme conspirateur, le 10 nivose an II

1. Déjà cité.
2. AMAN (Georges), facteur autrichien. Il a laissé des violes d'amour estimées.

(31 décembre 1793). Son procès se trouve aux *Arch. nat.*, carton W. 305, dossier 370. Sa veuve, Amélie de Boufller, périt aussi sur l'échafaud révolutionnaire quelques mois après, le 9 messidor ou 27 juin 1794 (*Id.*, W, 397, dossier 921). Les papiers saisis chez le duc de Biron au moment de son arrestation, correspondances, pièces d'administration militaire, et surtout titres de propriété, sont actuellement aux Archives, dans trois cartons cotés T, 478 ^{1} à ^{3}.

MAISON DE PUYSEGUR

LXI

Inventaire du 2 Frimaire, rue Dominique, 199

181. — Un quinton de Gaviniès [1], à Paris, année 1749.

182. — Un autre quinton de P.-F. Grosset [2], à Paris, année 1749.

COMTE DE PUYSÉGUR

Plusieurs membres de la famille de Puységur émigrèrent. C'est de l'ancien ministre de la guerre de Louis XVI, Louis-Pierre de Chastenet, comte de Puységur, dont il s'agit ici. Né le 30 décembre 1726, lieutenant général des armées du Roi, ministre de la guerre du 30 novembre 1788 au 12 juillet 1789, il avait quitté la France au commencement de février 1793, à la suite du décret de la Convention du 20 janvier ordonnant des poursuites contre tous ceux qui avaient défendu les Tuileries contre le peuple le 10 août 1792, journée à laquelle il avait pris part aux côtés du Roi. Il se retira alors à Brunswick. Un certificat de résidence joint à son dossier (*Arch. nat.* F⁷ 5715), à lui délivré le 7 décembre 1792 par la section de la Fontaine-de-Grenelle, prouve qu'il demeurait encore en ce moment rue Saint-Domi-

---

1. Gaviniès (François), luthier bordelais, père du violoniste Gaviniès, se fixa à Paris vers 1741. Sa facture était plus que médiocre. Il fut maître-juré comptable de la corporation pour l'année 1762.

2. Déjà cité.

nique, 199. Le général Mathieu Dumas, son ami et ancien compagnon d'armes, alors conseiller d'État, s'employa activement à obtenir sa radiation définitive de la liste des émigrés, ce qui lui fut accordé par arrêté des consuls du 11 brumaire an X. Le comte de Puységur mourut à Rabastens (Tarn) en octobre 1807.

MAISON DE LUBOMIRSKA (*sic*)

LXII

Inventaire du 6 Frimaire l'an III°, quai Chaillot, 33

183. — Une flûte, sans nom, garnie, et estimée 400 francs.

PRINCESSE LUBORMIRSKA

CHODRIEWICZ (Rosalie), femme du prince Alexandre LUBORMIRSKI, guillotinée à l'âge de vingt-trois ou vingt-quatre ans, laissant une petite fille de quatre ans. Nous ne savons si elle habitait Paris avant la Révolution. La plus ancienne pièce que l'on trouve dans son dossier est un passeport que lui délivre, *pour aller en France*, le bourgmestre et conseil de la ville de Lausanne, le 10 octobre 1792. Un autre passeport donné deux jours après par la municipalité de Jougne, district de Pontarlier (Doubs), contient le signalement de la princesse, de sa fille, de sa femme de chambre, de son valet de chambre et d'un domestique anglais, venant de Lausanne et se rendant à Paris. Un an environ après son arrivée dans cette ville, et le 19 novembre 1793, elle y était mise en état d'arrestation. Nous donnons ici l'extrait de son écrou comme pièce curieuse « *Des registres du greffe de la Petite-Force.* La citoyenne Alexandrine-Rosalie Lubomirska (*sic*), âgée de vingt-quatre ans, native de Charnovel, en Nockraine (*sic*), sans état, demeurant rue et quai Chaillot, n° 33, a été amenée et enregistrée par les citoyens Bétremieux et Legrand, inspecteurs de police, *comme suspecte*, en vertu d'une ordon-

nance des citoyens Laurent et Mennessiers, administrateurs de police.
Délivré par moi, soussigné, ce 29 brumaire l'an second de la République
française une et indivisible. » (*Arch. nat.,* T, 761.) Ce petit dossier contient
en outre trois lettres d'affaires écrites de Suisse en 1793 et quelques pièces
de comptabilité en langue polonaise.

Après être restée six mois dans les prisons, le 3 floréal an II (22 avril
1794), la princesse Lubomirska fut traduite devant le tribunal révolutionnaire, en même temps que Malesherbes et sa famille, d'Éprémesnil, la
duchesse de Gramont, etc., sous l'accusation alors banale de conspiration.
En ce qui concerne la princesse, elle répondit « que, bien loin d'avoir conspiré,
elle a fui son pays pour respirer un air libre, et qu'elle a même été chassée
de la Suisse pour cause de démocratie, et que, depuis qu'elle est en France,
elle s'est plu à vivre au milieu des artistes ». Mais elle avait connu Mme du
Barry ; elle lui avait écrit, parlant d' « injuste persécution » : on avait décou-
vert dans une de ses lettres un mot d'espérance sur le sort de la Reine : c'est
tout ce dont on l'accusait, et ce fut assez pour l'envoyer à la mort. Son
exécution fut différée jusqu'au 12 messidor, 30 juin, parce qu'elle s'était
déclarée enceinte. (W. 351, dossier 713.)

MAISON BOUTIN

LXIII

Inventaire du 7 Frimaire l'an IIIe, rue de la Loi

184. — Une musette garnie en argent, estimée 40 francs.
185. — Un timpanon dans son étui, estimé 6 francs.

MAISON BOUTIN

Maison Boutin. — Voy. ci-dessus la notice consacrée à Simon-Charles Boutin, n° XXXV.

MAISON DE LA LUZERNE

ÉMIGRÉ

LXIV

*Inventaire du 12 Frimaire l'an IIIe, rue de Thorigny, maison de Juigné
au Marais*

186. — Un clavecin fond noir, à bandes dorées, sans nom, estimé
300 francs.

COMTE DE LA LUZERNE

LUZERNE (César-Henri, comte de la), né à Paris en 1737, mort le 24 mars
1799 à Bernau près de Wells, dans la Haute-Autriche. Lieutenant général,
puis gouverneur des Iles-sous-le-Vent (1786), il fut ministre de la marine
d'octobre 1787 au 12 juillet 1789, et le redevint quelque temps après jusqu'au
20 octobre 1790. Son frère Anne-César de la Luzerne, ambassadeur de
France en Angleterre, né en 1741, mourut à Southampton le 14 septembre
1791. Le comte Henri, prévenu à temps de sa maladie, quitta Paris dans
les premiers jours de septembre, et arriva pour recevoir son dernier soupir.
L'exécution du testament de ce frère, dont il fut chargé, le retint assez
longtemps en Angleterre, et, comme sa femme, Marie-Adélaïde Angran d'Al-
leray et leurs deux filles, Alexandrine-Nicole, âgée de dix-huit ans, et Blanche-
Césarine-Marie, âgée de dix ans, l'avaient accompagné, il fut considéré à

Paris comme émigré. Quand il eut terminé ses affaires et qu'il put songer au retour, il y aurait eu danger réel pour lui et les siens à rentrer en France : il alla alors se fixer à Hambourg pour quelques années. Ces faits et d'autres sont exposés en détail dans divers mémoires et pétitions que la comtesse de la Luzerne, après la mort de son mari, fit adresser au ministre de la police générale pour pouvoir revenir librement et être remise en possession de leurs biens confisqués. Elle dut attendre cette faveur du Premier Consul jusqu'en octobre 1801. (*Arch. nat.*, F⁷ 5737.)

Le remarquable hôtel de Juigné, où demeurait le comte de la Luzerne, était situé au n° 7 de la rue de Thorigny. C'est là qu'était installée il y a quelques années encore l'École centrale des Arts et Manufactures.

MAISON D'HEROUVILLE

CONDAMNÉ

LXV

*Inventaire du 12 Frimaire l'an IIIe, rue Clocheperche, 3, S^{on} des Droits
de l'Homme*

187. — Une vielle dans sa boîte, estimée 60 francs.

188. — Une guitare, sans étui, estimée 6 francs.

189. — Un mauvais quinton sans archet, estimé 5 francs.

D'HÉROUVILLE

Le 4 messidor an II (22 juin 1794), on jugeait au tribunal révolutionnaire un prêtre constitutionnel, ancien chanoine de Saint-Quentin, l'abbé THOMAS VANIER. Dans la nombreuse correspondance saisie à son domicile se trouvaient des lettres de François-René Cucu d'HÉROUVILLE, receveur et contrôleur de rentes, demeurant à Paris, rue Cloche-Perce, près la place Baudoyer, avec lequel il avait été en relations d'affaires. Ce dernier avait été assigné comme témoin ; mais, à l'audience, par accusation verbale et sur la réquisition du substitut Liendon, il fut mis immédiatement en jugement. Condamné à mort séance tenante, il fut exécuté le même jour avec l'abbé Vanier et un autre témoin, Jean-Antoine Tricot, ancien chanoine. Voici un passage incriminé d'une lettre du sieur d'Hérouville à l'abbé Vanier, datée du 20 novembre 1792 : « La Convention nationnalle (*sic*) va coupant et sabrant tout à tort et à travers. Il est bien aisé de libérer la nation avec cette conduite, et en prenant sans aucune mesure le bien de beaucoup d'absens qui ont été chassés de ce pays-ci et obligés de fuir pour n'être point assassinés. Ces députés abusent bien de leurs pouvoirs que l'on a eu la bêtise de ne point limiter. » (*Arch. nat.*, W. 393, dossier 911.) Il n'en fallait certes pas tant pour être envoyé à l'échafaud.

MAISON DE L'AMBASSADEUR D'ESPAGNE

LXVI

190. — Un grand orgue, estimé 1 500 francs.

AMBASSADE D'ESPAGNE

On a vu ci-dessus (n° XLIX) que l'ambassade d'Espagne était installée à l'hôtel de Soyecourt, rue de l'Université, pendant la durée de la mission du comte de Fernan-Nunez, dernier ministre du Roi Catholique auprès de Louis XVI (1788-1792).

SAINT-AMARANTE (*sic*)

LXVII

Inventaire du 17 Frimaire l'an IIIe, rue Vivienne (maison de Boston)

191. — Un forte-piano Pilhelm, freudenthaler (*sic*), fait à Paris, 1789,
  estimé 500 francs.
192. — Une harpe de Louvet[1], faite à Paris, estimée 400 francs.

MADAME DE SAINTE-AMARANTHE

Mme DE SAINTE-AMARANTHE (Jeanne-Françoise-Louise Demier, de son nom
de demoiselle), tenait, dans l'ancien hôtel Helvétius, près du perron du
Palais-Royal, un salon fort achalandé par sa beauté et par celle de sa fille.
Cette dernière avait épousé Charles-Marie-Antoine de Sartine, ex-maître
des requêtes, fils de l'ancien lieutenant de police et ministre d'État. Elle
avait aussi un frère, alors âgé de dix-sept ans. Tous quatre périrent sur
l'échafaud, le 29 prairial an II (17 juin 1794), victimes du tribunal révolutionnaire. Ils étaient impliqués dans la conspiration dite de l'Étranger, dont
l'auteur principal, le baron de Batz, avait, disait-on, des intelligences dans
les prisons de Paris. Confondus avec des accusés d'attentats contre Robespierre et Collot d'Herbois, ils durent marcher au supplice revêtus de la chemise rouge, livrée des assassins. Leur procès sommaire (l'acte d'accusation

---

1. Déjà cité.

contient cinquante-quatre noms (et l'interrogatoire ne comporte qu'une seule et même question adressée à chacun) ne fournit aucun renseignement sur cette prétendue complicité. (*Arch. nat.*, W. 389, dossier 904). Aussi la véritable cause de leur condamnation, restée mystérieuse, a donné lieu à diverses hypothèses. « Comment, dit un historien récent, la belle et galante Mme Sainte-Amaranthe et sa fille plus belle encore, âgée de dix-neuf ans, épouse du jeune Sartine, et Sartine, et le fils Sainte-Amaranthe âgé dix-sept ans, méditaient-ils, selon l'imputation des deux Comités, de soulever les prisons ? L'invraisemblance de cette supposition en a provoqué une autre, qui n'a sans doute pas plus de réalité. On lit dans les *Mémoires sur les prisons*, recueillis par Nougaret, que Robespierre, conduit par Trial, acteur des Italiens, alla souper chez elle, et que, dans la chaleur du vin, il développa une partie de ses projets sanguinaires. Le lendemain, Trial lui ayant remontré son indiscrétion, il en aurait voulu étouffer les suites en faisant périr Mme Sainte-Amaranthe, sa fille, son fils, son gendre et tous ceux qui étaient là. Quelques-uns pensent que c'est Robespierre jeune qui fréquentait la maison Sainte-Amaranthe, et que la malignité publique en fit ce conte sur son grand frère, en l'accommodant à l'humeur du personnage. Ce qui est beaucoup plus probable que tout cela, c'est que toute cette famille fut enveloppée dans la conspiration de Batz par Saint-Just : des notes trouvées dans ses papiers signalaient comme suspecte la société qu'elle recevait. » (H. WALLON, *Hist. du Tribunal révolutionnaire*, in-8°, 1881, T. IV, p. 241.)

MAISON D'ORMESSON

LXVIII

Inventaire du 16 Brumaire l'an IIIe, rue Guillaume, faubourg Saint-Germain

193. — Un alto du Tyrol.

194. — Une basse de Lorraine.

195. — Un petit violon Amati.

196. — Un idem Guarnerius[1].

197. — Un violon de Paris, en 1754.

198. — Un alto, idem.

199. — Cinq étuis de violon.

200. — Un étui à deux violons contenant un violon de Paris.

201. — Un petit violon d'enfant avec son archet. Et deux archets,
dont un à hausse d'ivoire.

Le tout estimé 50 francs.

Cinq cahiers de musique à vendre à la livre.

D'ORMESSON

« ORMESSON (Anne-Louis-François-de-Paule Le Fèvre d'), âgé de quarante-
deux ans, né à Paris, ex-noble, ex-député à l'Assemblée constituante,

1. GUARNERIUS. Aucune autre indication. — On sait cependant la valeur du prénom dans
la famille des GUARNERI (André-Joseph-del-Jesu, Pierre Guarnerius). V. HART, *le Violon.*

commissaire aux monuments publics et bibliothécaire de la Bibliothèque
nationale, ci-devant président à mortier au Parlement de Paris, y demeurant, rue Guillaume, faubourg Germain. » Ainsi est désigné ce savant
magistrat sur l'acte d'accusation rédigé par Fouquier-Tinville et sur le jugement du tribunal révolutionnaire qui le condamne à mort avec vingt-
quatre autres présidents et conseillers des Parlements de Paris et de Toulouse. Leur principal crime consistait dans une protestation secrète qu'ils
avaient signée contre les décrets de l'Assemblée constituante supprimant
les parlements et les autres cours souveraines. Cette protestation avait été
confiée au président à mortier Louis Le Peletier de Rosanbo, dans les papiers duquel elle fut trouvée, au moment de son arrestation au château de
Malesherbes, chez son beau-père Lamoignon de Malesherbes, le défenseur
de Louis XVI. D'Ormesson fut exécuté avec ses collègues le jour même de
son jugement, 1er floréal an II, 20 avril 1794. Les pièces de ce procès
sont aux *Archives nationales* (W. 349, dossier 703 bis et W. 15, dossier
609). Anne-Louis-François-de-Paule d'Ormesson de Noyseau était né le
26 février 1753, fils de Louis-François-de-Paule d'Ormesson, premier-président du Parlement, membre honoraire de l'Académie des inscriptions et
belles-lettres, décédé le 26 janvier 1789.

MAISON GOUFFIER

ÉMIGRÉ

LXIX

Inventaire du 28 Frimaire l'an IIIe, rue Honoré, 66

202. — Un forte-piano de Sébastien Erard[1], Paris, 1785, estimé 800 francs.

203. — Une musette garnie en argent, dans une boîte, estimée 40 francs.

204. — Un violon de Ben-den-Chaus, d'Alclante, Napolitain[2], avec son étui, estimé 20 francs.

205. — Un pupitre double, sans bobèches, estimé 20 francs.

206. — Une flûte faite par Prudent, à Paris, estimée 100 francs.

COMTE DE CHOISEUL-GOUFFIER

CHOISEUL-GOUFFIER (Marin-Gabriel-Florent-Auguste, comte de), né à Paris le 27 septembre 1752, mort le 20 juin 1817. Passionné dès sa jeunesse pour l'antiquité, il avait entrepris en 1776 un voyage d'exploration en Grèce, dont la publication le fit recevoir à l'Académie des inscriptions (1782), puis à l'Académie française (1783). Ambassadeur à Constantinople

1. Déjà cité.
2. Nous transcrivons ce nom, certainement mal orthographié.

en 1789, il en remplit les fonctions jusqu'en janvier 1793, puis il se réfugia en Russie. Voici une lettre de Duroc, aide de camp de Bonaparte, alors en mission à Saint-Pétersbourg, adressée le 10 août 1801 au Premier Consul, qui résume la vie du comte de Choiseul pendant l'émigration : « Citoyen Consul, M. de Morkoff a été autorisé par Sa Majesté Impériale et par ses ministres à faire des démarches à Paris en faveur de **M.** de Choiseul, ci-devant ambassadeur de France à Constantinople. M. de Choiseul a été décrété d'accusation par la Convention nationale à l'occasion d'une lettre, prétendue de lui, trouvée dans les papiers du duc de Brunswick. En quittant sa mission à Constantinople, il a pensé que sa sûreté personnelle serait compromise en retournant en France, et il s'est rendu en Russie, où il a été bien accueilli par Catherine II et ensuite par Paul Ier ; il en a même reçu des terres assez considérables. M. de Choiseul ne réclame rien de ce qu'il a perdu en France. Il demande la liberté de pouvoir y aller pour arranger ses affaires, y revoir sa femme et ses enfants, qu'il y a laissés. Salut et respect. DUROC, aide de camp. » (*Arch. nat.*, F⁷ 5717). — Ce dossier renferme en outre un mémoire justificatif, une copie de la lettre incriminée par la Convention et quelques autres pièces produites pour obtenir la radiation de la liste des émigrés. Le comte de Choiseul-Gouffier avait été nommé par le czar Paul Ier conseiller privé et directeur de l'Académie des beaux-arts. Rentré en France en 1802 et élu membre de l'Institut, il s'occupa uniquement de travaux d'érudition. Sous la Restauration, il fut ministre d'État et pair de France. On conserve encore aux *Archives nationales* des papiers saisis à l'hôtel de Choiseul-Gouffier en 1793 et mis sous séquestre. (T. 153¹ et ²).

MAISON DE BASCLE D'ARGENTEUIL

LXX

Rue de Thorigny, 539

207. — Un forte-piano de Fredericus Beck [1], estimé 1 500 francs.

- - - ———

COMTE D'ARGENTEUIL

Environ quatre-vingts liasses de titres de propriété et registres d'administration privée saisis en l'hôtel du comte d'Argneteuil, rue de Thorigny, après qu'il eut été déclaré émigré, sont conservées aux *Archives nationales* dans le fonds du séquestre (T. 65¹ à ⁸⁰). Dans les actes authentiques voisins de la période révolutionnaire, ce personnage se qualifie « haut et puissant seigneur Jean-Louis-Marie le Bascle, comte d'Argenteuil, lieutenant général des provinces de Champagne et de Brie, gouverneur de la ville de Troyes, mestre-de-camp de cavalerie, premier lieutenant des gens d'armes de Flandre, etc. » Il avait épousé Marie-Joséphine-Caroline Barjot de Roncé. On le retrouve sous la Restauration avec les titres de marquis d'Argenteuil et de lieutenant général des armées du Roi. Vers 1814, il maria sa fille Blanche-Joséphine à Charles-François-Armand, duc de Maillé. (Voy. Généalogie de Maillé dans POTIER DE COURCY, *Continuation de l'Histoire généalogique du P. Anselme,* in-fol., p. 560.)

1. Déjà cité.

FEMME MIRECOURT

ÉMIGRÉE

LXXI

Inventaire du 6 Nivose l'an IIIe, rue Merry, 77

208. — Un clavecin fond vert, à bandes dorées, sans nom, indiqué
n° 1630.

MIRECOURT

Nous n'avons trouvé trace de ce nom ni dans les papiers séquestrés, ni
aux dossiers de la police, ni dans les pièces du tribunal révolutionnaire. Il
ne figure même pas sur la *Liste générale des émigrés*.

MAISON DELENTRE

ÉMIGRÉ

LXXII

Inventaire de 21 Nivôse l'an IIIe, rue des Bons-Enfants, 1316

209. — Une basse avec son étui, indiquée : Constantinople, *Octoma-nus fecit (sic), anno* 1720, estimée 120 francs.

210. — Deux pupitres doubles, n'ayant chacun qu'une bobèche en fer blanc, l'un desquels a le pied cassé, estimés ensemble 45 francs.

DELENTRE

« Delentre ou Deleutre l'aîné (Jean-Antoine), négociant, rue Neuve-des-Bons-Enfants, n° 10 » : ainsi ce personnage est-il désigné dans les nombreuses pièces de son dossier, toutes ayant pour but de le faire rayer de la liste des émigrés, où, disait-il, il avait été inscrit par erreur. Nous extrairons seulement quelques-unes des raisons qu'il invoque dans plusieurs pétitions datées de 1797 à 1801. Obligé à de fréquents voyages à l'étranger, en raison de son commerce, il prit un passeport le 7 juillet 1792 pour aller à Londres, dans le but d'y acheter des grains qu'il voulait amener à Paris. Le s^r Cousin, alors membre du Comité des subsistances et depuis membre du Sénat conservateur, non seulement approuva ce voyage, mais lui promit la protection du gouvernement. Le ministre Lebrun, instruit des services qu'il rendait à la chose publique en matière d'approvisionnements, l'autorisa, par lettre du 31 janvier 1793, à prolonger son séjour à Londres. Peu de jours après, il apprit avec étonnement que les scellés étaient sur son mobilier et que lui-même était porté sur la liste des émigrés. Ce mobilier, seule propriété qu'il eût en France, fut vendu. « Il n'en réclame pas la valeur, dit-il, mais demande seulement que son nom cesse de figurer à côté de ceux des ennemis de la patrie, etc. » (*Arch. nat.*, F7 5722.)

MAISON VENTE

EX-FERMIER GÉNÉRAL

LXXIII

Inventaire du 23 Nivôse l'an IIIe, rue Grammont, 12

211. — Un clavecin fond noir, à bandes dorées, fait par Henri Hemsch [1], à Paris, année 1763, estimé 300 francs.

212. — Un violon commun, sans nom, avec son étui, estimé 15 francs.

213. — Un deuxième violon d'Antonius et Hyeronimus Fr [2] : Amati Cremônen *Andrex fit (sic)*, F. 1599, estimé 200 francs.

214. — Une flûte en bois d'ébène, garnie en ivoire, faite par Leclerc, estimée 60 francs.

215. — Une deuxième flûte, garnie en ivoire, faite par Leclerc, avec trois corps de rechange, estimée 25 francs.

216. — Une troisième flûte, garnie en ivoire, faite à Paris, par Lot, avec deux corps de rechange, estimée 25 francs.

217. — Une quatrième flûte, dite tierce, faite par Villars, estimée 18 francs.

218. — Une cinquième flûte, dite tierce, faite par Villars, estimée 18 francs.

---

1. HEMSCH (Henri), luthier parisien; juré-comptable de la corporation pour 1747, frère de Guillaume; tous deux fort en vogue pour la fabrication des clavecins. Ils habitaient la rue Quincampoix.

2. AMATI (Antoine-Jérôme). — Il y a eu deux frères de ce nom, tous deux luthiers. V. HART, *le Violon.*

VENTE

Sur les *Almanachs royaux* de 1789 et 1790, on trouve parmi les fermiers généraux le nom de M. Vente, rue de Gramont, près le boulevard. Arrêté avec ses collègues des Fermes générales, il comparut avec eux devant le tribunal révolutionnaire le 19 floréal an II, fut condamné à mort et exécuté le même jour, 8 mai 1794, en même temps que Lavoisier, Boullogne et vingt-cinq autres (Voy. ci-dessus les nᵒˢ XIII et XXXII). Sur les actes du tribunal, ce personnage est ainsi désigné : « François-Joseph (*alias* François-Jean) Vente, âgé de soixante-huit ans, natif de Dieppe, département de Seine-Inférieure, ci-devant fermier général, demeurant rue Grammont, nᵒ 12, et 707 de la section Le Pelletier. » (*Arch. nat.*, W. 362, dossier 785.)

MAISON VILQUIER

LXXIV

Inventaire du 29 Nivôse l'an IIIe, rue des Capucines

219. — Un forte-piano organisé de Sébastien Erard[1] frère et Cie, fait
    à Paris, 1791, estimé 2 000 francs.

220, — Un autre forte-piano, qui n'est point ouvert, sans clef, estimé
    700 francs.

221. — Un clavecin peint en gris, à bandes dorées, sans nom d'au-
    teur, estimé 150 francs.

VILQUIER

Vilquier (maison de la condamnée). Cette mention doit être considérée
comme erronée : la liste de toutes les personnes traduites au tribunal révolutionnaire de Paris ne contient pas ce nom, et de plus il n'y avait en 1793
et 1794 point de dame qui portât le nom illustre de Vilquier. Louis-Alexandre-
Céleste d'Aumont, duc de Villequier, gouverneur du Boulonnais, lieutenant
général des armées, député de la noblesse du Boulonnais aux États géné-

---

1. Déjà cité.

raux (1736-1814), était veuf depuis huit ans de sa seconde femme, Antoinette-Henriette de Mazade. Son seul fils, Louis-Marie-Céleste, qui fut aussi duc de Villequier, puis d'Aumont (1762-9 juillet 1831), avait aussi perdu sa jeune femme, Madeleine-Henriette de Rochechouart, le 23 avril 1790. (POTIER DE COURCY, *Continuation de l'Hist. généal. de la maison de France du P. Anselme*, in-folio. — Paris, Didot, p. 252. 253.) — Le père et le fils émigrèrent, et leurs biens furent séquestrés. C'est de leur hôtel vraisemblablement que venaient les instruments attribués ici par erreur à la *condamnée Vilquier*. Il y a aux Archives nationales, parmi les papiers de l'émigration, un dossier relatif à la radiation des trois filles du second lit de Louis-Alexandre-Céleste, duc de Villequier. Elles étaient restées constamment en France, et n'avaient du reste été inscrites « en prévention d'émigration » qu'au mois de vendémiaire an VIII. Aglaé, Constance et Victorine d'Aumont-Villequier furent rayées définitivement le 29 messidor an XI (30 juin 1803). L'arrêté porte en outre que main-levée leur sera faite des biens non vendus de leur père (F⁷ 5 721, dosssier DAUMONT). Les papiers saisis chez le duc de Villequier, émigré, comprenant surtout des titres de propriété, forment quatre liasses conservées aux Archives (T, 238¹ à ⁴). On y trouve la preuve que l'hôtel de Villequier était bien situé rue Neuve-des-Capucines.

MAISON MAYET

ÉMIGRÉ

LXXV

Inventaire du 3 Pluviôse l'an IIIe, rue de Grenelle, faubourg Germain

222. — Un forte-piano de Schœne [1], fait en 1786, estimé 1 000 francs.
223. — Une harpe de Hausmann (*sic*), avec son étui et une boîte de fer blanc, estimés le tout ensemble 720 francs.

DE MAYET

M. DE MAYET était, au moment de la Révolution, lieutenant des maréchaux de France en leur tribunal de Paris. Nous n'avons point de renseignements sur sa personne autres que le fait de son émigration. Sa femme, Louise-Élisabeth-Gabrielle Mathy-Simon, âgée de quarante-huit ans, née à Orbec (Calvados), détenue comme suspecte à la maison d'arrêt de Saint-Lazare, fut traduite par mégarde (l'acte d'accusation portait le nom de la comtesse de Maillé) devant le tribunal révolutionnaire, condamnée à mort avec l'élite des prisonniers de cette maison, André Chénier et Roucher, le marquis de Roquelaure, le baron de Trenck, etc., et exécutée le 7 thermidor an II (25 juillet 1794). (*Arch. nat.*, W. 531, dossier 969 ; WALLON, *Hist. du tribunal révolutionnaire*, T. V, p. 132.)

1. Déjà cité.

FEMME MARBEUF

LXXVI

Inventaire du 28 Pluviôse l'an IIIe, à Chaillot

224. — Un forte-piano de Johannes Pohlmann[1], *Londini fecit,* 1776, ayant les peintures du couvert cassées, estimé 800 francs.

225. — Un clavecin peint en jaune, à bandes dorées, sans nom d'auteur, indiqué 1621, estimé 400 francs.

226. — Une guittare (*sic*), faite par Guillaume, à Paris (1789), estimée 100 francs.

227. — Un violon ordinaire, sans bouton, fait par Socquet[2], à Paris, 1755, estimé 15 francs.

MARQUISE DE MARBEUF

Michel (Henriette-Françoise), marquise de Marbeuf. Son mari, dont elle était séparée de biens, Ange-Jacques, marquis de Marbeuf, maréchal des camps et armées du Roi en 1761, gentilhomme de la manche du Roi, était

1. Déjà cité.
2. Socquet (Louis), luthier à Paris; facteur très médiocre; vernis jaune sale. Cette fois, l'expert a estimé l'instrument à sa véritable valeur.

mort le 31 janvier 1789, sans laisser d'enfants. Il eut pour héritiers de ses
biens considérables Yves-Alexandre de Marbeuf, archevêque-comte de Lyon,
son frère, et Marguerite-Augustine-Marie de Marbeuf, femme de M. d'Hel-
lenvilliers, sa sœur. La marquise de Marbeuf était fort riche de son côté:
elle possédait plusieurs hôtels à Paris, dont trois au moins nous sont connus :
celui de Chaillot, nommé ici ; celui du faubourg Saint-Honoré, dont il est
question deux numéros plus bas, et un autre rue de la Ville-Lévêque. (Voir
aux *Arch. nat.* les dossiers T. 784 et 1109, qui contiennent des renseignements sur ces maisons et d'autres titres de propriété du marquis et de la
marquise de Marbeuf.) **La marquise** fut dénoncée au tribunal révolutionnaire
par des fermiers infidèles comme accapareuse de grains et recéleuse de
produits. Le procès mit en lumière ses nombreux actes de charité et démon-
tra combien vaine était l'accusation. Cependant le tribunal la jugea animée
de sentiments réactionnaires et antipatriotiques, et la condamna au dernier
supplice. La marquise de Marbeuf monta sur l'échafaud le 17 pluviose an II,
5 février 1796. (*Arch. nat.*, W. 320, dossier 481.)

MAISON COQUET

LXXVII

Inventaire du 28 Pluviôse l'an III°

(Ces objets étaient déposés rue de Vaugirard, Maison d'arrêt dite des Carmes)

228. — Un forte-piano d'Erard[1], fait à Paris en 1787, estimé 600 francs.

229. — Un violon, fait en 1684, estimé 30 francs.

230. — Un alto, sans nom d'auteur, estimé 36 francs.

231. — Un autre violon, avec son étui, estimé 30 francs.

232. — Une flûte en bois de grenadille, garnie en ivoire, faite par Delusse, estimée 30 francs.

233. — Une petite flûte à bec et deux octaves, en ébène, garnie en ivoire, faite par Camus, estimée 18 francs.

234. — Une flûte en buis, faite par Potter, London, estimée 12 francs.

235. — Trois corps de flûte dépareillés, et une flûte en bois de cèdre, garnie en argent, faite par Delusse; estimé le tout à 10 francs.

236. — Une octave de flûte, faite par Lot, estimée 6 francs.

---

1. Déjà cité.

COQUET

Un Coquet (Pierre-François), né à Brissac (Maine-et-Loire), âgé de cinquante-six ans, ci-devant militaire dans le régiment de Bourgogne-cavalerie, demeurant faubourg du Temple, n° 37, comparut le 24 floréal an II (13 mai 1794) devant le tribunal révolutionnaire, sur l'accusation de délits contre-révolutionnaires non autrement spécifiés. Mais il nous paraît difficile qu'il s'agisse ici de ce personnage, car Pierre-François Coquet bénéficia par extraordinaire d'une ordonnance de non-lieu, et d'autre part on le donne comme un pauvre diable « montant des gardes pour exister » (*Arch. nat.*, W. 364, dossier 800), ce qui rend peu vraisemblable qu'il ait eu en sa possession les instruments de musique désignés ci-dessus.

Selon toute apparence, on aurait dû écrire « maison de la *condamnée* Coquet ». Anne-Thérèse Raffé, veuve Coquet, fut condamnée à mort par sentence du tribunal révolutionnaire et exécutée le 15 messidor an II (3 juillet 1794). Détenue comme suspecte dans la maison d'arrêt de Port-Libre (ancien Port-Royal), elle était accusée d'avoir conspiré et cherché à produire des soulèvements dans les prisons. On trouve peu de renseignements sur cette personne. Dans les actes du tribunal, elle est ainsi désignée : « Anne-Thérèse Raffé, veuve Coquet, âgée de 45 ans, née à Neuville, département de l'Ain, *vivant de son bien,* demeurant à Bièvre, département de Seine-et-Oise. » (*Arch. nat.*, W. 404, dossier 932.) Il faut admettre que les meubles de la dame Coquet furent, après son exécution, amenés de sa maison de Bièvre et déposés, comme on le dit ici, rue de Vangirard, au couvent des Carmes.

FEMME MARBEUF

LXXVIII

Inventaire du 29 Pluviôse l'an IIIe, à Paris, rue du faubourg Honoré, 47

(Voir la précédente notice)

237. — Un forte-piano de Sébastien Erard [1], fait à Paris, 1784, rue Bourbon, F^g Germain, n° 109, soit disant (*sic*) à la condamnée Levi, femme Bérenger, trouvé dans l'appartement qu'elle occupait chez la condamnée Marbeuf, estimé 800 francs.

238. — Une harpe avec son étui, par Cousineau, estimée 600 francs.

239. — Un violoncelle, sans nom d'auteur, avec son étui, estimé 120 francs.

240. — Une vielle ordinaire, faite par F. Henri, à Paris, avec son étui, estimée 150 francs.

MARQUISE DE MARBEUF

L'on a vu ci-dessus (n° LXXVI) que la marquise de Marbeuf, condamnée à mort par le tribunal révolutionnaire, possédait plusieurs maisons à Paris. Elle habitait son hôtel du faubourg Saint-Honoré, dont les dépendances s'étendaient jusqu'aux Champs-Élysées, lors de la mort de son mari et au moment de son arrestation. (*Arch. nat.*, T. 784, W. 320, dossier 481.)

1. Déjà cité.

MAISON DES ANGLAISES

LXXIX

Inventaire du 2 Ventôse l'an IIIe, rue de l'Oursine

241. — Une clarinette, faite par Portheaux. garnie en argent, provenant des Anglaises, appartenant au condamné Saint-Pern.

RELIGIEUSES ANGLAISES

Les Religieuses Anglaises s'étaient établies en 1644 rue de Lourcine, à côté de celle qui porta leur nom, rue des Filles-Anglaises, jusqu'à la Révolution, simplement des Anglaises depuis lors. Leur couvent, supprimé en 1790, devint propriété nationale, puis fut vendu à un particulier qui y exploitait une filature de coton à la fin du premier Empire.

EQUEVILLY PÈRE

LXXX

Inventaire du 4 Ventôse l'an IIIe, rue Barbette (Maison Corberon)

242. — Un violoncelle, sans archet et sans étui, de Johannes Jauch [1]
me fecit Grxon, anno 1743.
243. — Un violon sans étui, fait par N. Dumenil [2] en 1786.

VICOMTE D'ECQUEVILLY

Hennequin, vicomte d'Ecquevilly, né à Paris en 1752, entra au service avec rang de sous-lieutenant dans le Royal-cavalerie le 11 mai 1769, et passa successivement par tous les grades jusqu'à celui de maréchal-de-camp inclusivement, qu'il obtint comme retraite le 1er mars 1791. Il avait épousé la fille du comte d'Eyck, envoyé de Bavière à la cour de France (voy. ci-dessus le n° LV). Lui-même avait été naturalisé bavarois par lettres de l'Électeur palatin du 23 août 1782, ce qui facilita son départ de France, quand les événements de la Révolution lui parurent menaçants. Il quitta Paris avec sa femme le 28 avril 1791, muni d'un passeport délivré par le

---

1. Jauch (Johannes), à Dresde, sujet autrichien; luthier estimé en Autriche et Hongrie.
2. Duménil. La date de 1786 ne permet pas de confondre ce luthier avec son homonyme Du Mesnil (Jacques), luthier très estimé qui travaillait vers le milieu du xviie siècle.

ministre des relations extérieures, et se retira dans la famille de celle-ci en
Bavière. Des certificats joints à leur dossier prouvent qu'ils résidèrent
constamment à Munich ou à Landshut depuis le milieu de l'année 1791
jusqu'au 12 novembre 1800, et que pendant ce temps ils furent toujours
exceptés des mesures prises en diverses circonstances à l'égard de l'émigration française. Cependant leurs noms avaient été inscrits sur une liste
d'émigrés du département de Paris en date du 18 frimaire an II. On conserve aux Archives un grand nombre de pièces relatives aux démarches
qu'ils firent faire en 1800 et 1801 auprès des Consuls pour obtenir leur
libre retour en France (F⁷ 5733). Dans ce dossier se trouve l'indication du
domicile du vicomte d'Ecquevilly à Paris, au moment de son départ pour
l'étranger : il habitai rue Neuve-Saint-Gilles, au Marais. Ses meubles
avaient été transportés rue Barbette, à l'hôtel Corberon, sauf une partie qui
avait été déposée chez la comtesse d'Eyck, rue des Trois-Pavillons, comme
on l'a vu plus haut.

PRÉVOST

LXXXI

Inventaire du 11 Ventôse l'an IIIe, rue Jacques, 177 (Maison du Juge de paix)

244. — Un violoncelle, sans nom et sans étui.

245. — Deux violons, sans nom et sans étui, sous le même numéro.

246. — Un alto, aussi sans nom et sans étui.

PRÉVOST

S'agit-il du s^r Prévost des Fourneaux, avocat au parlement de Paris, *présumé émigré*, au nom duquel il existe dans les papiers séquestrés un petit dossier de pièces dépourvues d'intérêt (*Arch. nat.*, T. 798), ou de l'abbé Jean-François Prévost, prêtre, docteur de Sorbonne, qui, porté par erreur sur la liste des émigrés de Paris, prouva par certificat qu'il avait résidé : à Montreuil, du 15 janvier 1791 au 13 août 1792 ; à Châlons, du 15 août 1792 au 30 octobre suivant ; à Montmirail, du 4 octobre 1792 au 22 pluviôse an III (10 février 1795), et fut rayé par arrêté du département de Paris du 25 nivôse suivant (15 janvier 1796). Il se fit restituer en même temps une maison et un arpent de terre qu'il avait à la Folie-Regnault, dans la banlieue de Paris, maison qu'il louait à un s^r Faucheux. (*Arch. nat.*, F^7 5 749^1.) La similitude d'adresse avec l'article qui suit et la qualité de prêtres des sieurs Prault et Prévost augmentent la probabilité en faveur de ce dernier.

PRALET

ÉMIGRÉ

LXXXII

Inventaire du 11 Ventôse, rue Jacques, 177 (Maison du Juge de paix)

247. — Un violon de Gravinie [1] (*sic*), sans nom et sans étui.
248. — Un violon, sans nom d'auteur et sans étui.

L'ABBÉ PRALET

L'abbé Raymond PRALET, de Lons-le-Saulnier, prêtre attaché à la paroisse Saint-Jacques du Haut-Pas, demeurait bien rue Saint-Jacques, mais au n° 187, et non au numéro 177. Des *billets de garde* des années 1790-1792 conservés dans son dossier en font foi. L'abbé Pralet était incorporé dans le sixième bataillon de la seconde légion de la garde nationale; mais il ne montait pas ses gardes en personne : il se déchargeait de cette corvée moyennant la somme de 40 sols, suivant le tarif fixé par décret de l'Assemblée nationale. Le dernier billet de garde est du 3 juin 1792. Les papiers saisis chez l'abbé Pralet, quand son émigration fut constatée, se bornent aux pièces qui viennent d'être signalées et à des notes et correspondances relatives à un voyage qu'il fit en Espagne en 1775 et 1776. (*Arch. nat.*, T. 793.)

1. Probablement Gavinies (François). Bordeaux, 1741-1762.

FORCEVILLE

CONDAMNÉE

LXXXIII

Inventaire du 11 Ventôse, rue Jacques, 177 (Maison du Juge de paix)

249. — Une flûte en bois d'ébène, faite par Lot.

FORCEVILLE

Dans l'acte d'accusation rédigé par Fouquier-Tinville, accusateur public près le tribunal révolutionnaire, cette dame est désignée de cette façon : « Élisabeth-Françoise FORCEVILLE, âgée de quarante-deux ans, née à Forceville, district d'Amiens, département de la Somme, ex-noble, demeurant à Paris, rue de l'Observatoire, et depuis rue Jacques, n° 280 (*sic*) ». Elle fut traduite devant le tribunal en même temps que douze autres prévenus, assez vaguement accusés de conspiration ou de propos contre-révolutionnaires. « La femme Forceville, dit l'accusateur public, prétendait que, si elle n'avait pas été du Comité autrichien, c'est qu'elle n'avait pas pu ; elle affectait de plaindre le sort des lâches conspirateurs livrés au glaive de la loi, et se livrait à des propos qui prouvaient qu'elle partageait leurs principes et leurs sentiments. » Des paroles aussi imprudentes conduisaient à la guillotine : aussi le tribunal condamna à mort Élisabeth-Françoise de Forceville, et elle fut exécutée sur la place de la Révolution, le 18 prairial an II. 6 juin 1793. (*Arch. nat.*, W. 380, dossier 876.)

FEMME LASALLE

ÉMIGRÉE

LXXXIV

Inventaire du 12 Ventôse l'an III, *rue du Bacq*, 266

250. — Un forte-piano, sans nom d'auteur.
251. — Une guittare (*sic*), sans nom d'auteur.

MARQUISE DE LA SALLE

La Salle (Marie-Charlotte de Clermont-Chatte, marquise de), seconde
femme de Marie-Louis de Caillebot, marquis de la Salle, morte pendant
l'émigration, le 1er décembre 1796. (Voy. ci-dessus, nº I, la notice consacrée
à son mari.) On conserve aux Archives nationales un carton de papiers
saisis chez la marquise de la Salle, papiers relatifs à son frère le marquis
de Clermont-Chatte. (T. 614.)

MAISON DE BAINS

ÉMIGRÉ

LXXXV

Inventaire du 14 Ventôse l'an IIIe, provenant du Val-de-Grâce

252. — Une basse de Claude Boivin[1], année 1735, dans son étui, et son archet.

253. — Une basse d'Antonio Compostano, avec son archet et son étui.

254. — Un étui noir à deux violons, dont un de Guarnerius, année 1625.

255. — Un violon, sans nom d'auteur.

256-257. — Un étui noir à deux pardessus de viole, dont un sous le n° 256 et l'autre 257, fait par Socquet[2] en 1755.

258-259. — Un étui noir à deux quintes, dont l'une porte le n° 258 et l'autre 259, sans noms d'auteur.

260. — Un violon, sans nom, dans son étui, et son archet.

261. — Un violon, sans nom d'auteur.

262. — Une guittare (*sic*) de Peron.

263. — Une basse de Guersan[3], année 1753.

264. — Une flûte en bois d'ébène, faite par Delusse.

265. — Une flûte garnie en ivoire, faite par Lot.

---

1. Boivin (Claude). Luthier parisien; maître-juré, comptable de la corporation pour l'année 1752. Il s'occupa plus spécialement de la fabrication des guitares.
2. Déjà cité.
3. Déjà cité.

266. — Une flûte en bois commun, garnie en fer blanc, faite par
     L.-G. Popp.
267. — Un hautbois garni en ivoire, fait par Villard, à Paris.
268. — Deux flageolets dans leurs bourses, avec une baguette de tam-
     bourin.

DEBAIN

« Monsieur DEBAIN, lieutenant du prévôt des bandes du régiment des
gardes-françaises, rue des Sept-Voies, près celle des Amandiers, maison de
Mˡˡᵉˢ Sellier, à Paris », telle est l'adresse la plus complète de ce personnage
relevée sur une lettre du mois de janvier 1781 conservée parmi d'autres
missives à lui adressées, dans une liasse qui comprend aussi des mémoires
et quittances de fournisseurs, le tout saisi au domicile dudit Debain, quand
son émigration eut été constatée. L'une de ces lettres est relative aux réparations à faire au violon de Mᵐᵉ Sallard, la femme d'un de ses amis. On
voit par ces papiers que le sʳ Debain, dont le nom est aussi écrit de Bains,
demeura encore rue du Chevalier-du-Guet et rue du Mail, la première
maison à droite en venant de la rue Montmartre. (*Arch. nat.*, T, 718.)

MAISON VERGENNES

LXXXVI

Inventaire du 16 Ventôse l'an IIIe, rue des Petits-Augustins

269. — Un pardessus de viole, de La Loë, avec son étui.
270. — Une harpe d'Holtzman[1], ayant une robe et son étui.

COMTE DE VERGENNES

Le célèbre ministre des affaires étrangères de Louis XVI, Charles Gravier, comte de VERGENNES, mort à Versailles le 13 février 1787, laissa deux fils, Louis-Charles-Joseph et Constantin, qui tous deux quittèrent la France au commencement de la Révolution et se réfugièrent dans une petite ville du Holstein, où ils étaient encore sous le Consulat, quand le s^r du Vivier, leur oncle, fit des démarches pour obtenir leur radiation et la restitution de leurs biens. Il est vraisemblable qu'il s'agit de ces deux personnages, bien que leur domicile à Paris ne soit point indiqué dans les pièces du dossier qui les concerne, et que, d'autre part, on sache que leur père, le ministre, demeurait quai des Théatins (*Almanachs royaux*, 1785-1787). Il est difficile d'arriver à la certitude absolue, étant donné que plusieurs autres membres de cette famille sont portés sur les listes des émigrés, la plupart sans indication de domicile précis. Le frère du ministre, Jean Gravier, comte de

---

1. HOLTZMAN, facteur de harpes à Paris ; sujet autrichien. — M. Edouard ANDRÉ, de Paris, possède dans sa collection une harpe très distinguée de ce facteur.

Vergennes, ancien président de la Chambre des comptes de Dijon, âgé de soixante-quinze ans, et son fils aîné, Charles, ancien maître des requêtes, furent condamnés à mort par sentence du tribunal révolutionnaire et périrent sur l'échafaud le 6 thermidor an II (24 juillet 1794). Ils demeuraient tous deux rue Neuve-Saint-Eustache, n° 4. Un fils cadet de Jean, comte de Vergennes, et de Jeanne-Claude Chevignard, Jean-Charles, né à Dijon le 23 juin 1756, se cacha d'abord à Versailles pour se soustraire au sort de son père et de son frère. Puis il obtint un emploi de commis aux vivres à l'armée du Nord, ce qui ne l'empêcha pas d'être porté sur une liste d'émigrés. Jean-Charles de Vergennes ne resta d'ailleurs pas en France : un certificat prouve sa résidence à Hambourg depuis le mois de novembre 1797 jusqu'en juillet 1798. A cette dernière date, il faisait agir des personnages influents, entre autres Joséphine de Beauharnais, pour obtenir sa radiation et la restitution des biens de sa famille. (*Arch. nat.*, F⁷ 5732, et W. 431, dossier 968.)

MAISON SOMMERY

ÉMIGRÉ

LXXXVII

Inventaire du 16 Ventôse l'an III, *rue de Grenelle, faubourg Saint-Germain*

271. — Une harpe de Naderman[1], ayant son étui.
272. — Une boîte de fer blanc à mettre des cordes pour les instruments.
273. — Un cor anglais par Baur Wier, de Maëstricht.

MARQUIS DE SOMMERY

Du Mesniel Sommery (Jacques-Étienne), officier général ayant servi son pays pendant cinquante-deux ans dans les gardes-françaises, s'étant retiré dans ses terres en 1788 et en 1789, fut forcé de quitter son principal domicile par les violences qui furent exercées contre sa personne et dans ses propriétés les unes après les autres, et il fut obligé de les abandonner au pillage pour sauver sa vie. Cette époque fut celle de sa ruine. De toute sa fortune il ne lui resta plus rien. Et c'est à l'âge de quatre-vingts ans que, désirant passer dans sa patrie le peu de jours qui lui restent encore, il demande sa radiation de la liste des émigrés et supplie le gouvernement

1. Déjà cité.

d'avoir égard à son grand âge, à ses infirmités qui en sont la suite, et surtout à ses longs services militaires. Cette note reproduite textuellement est tout ce qui existe au dossier Du Mesniel Sommery. Elle paraît dater du Consulat (*Arch. nat.*, F⁷ 5726). Mais le contrat d'acquisition de la maison de la rue de Grenelle-Saint-Germain indiquée ici comme son domicile, et que nous avons pu retrouver, fournit quelques renseignements complémentaires pour l'identité de ce personnage. Il y prend les qualités de « haut et puissant seigneur Jacques-Étienne Dumesniel, marquis de Sommery, seigneur et patron des paroisses de Sommery, Saint-Geneviève et autres lieux, capitaine au régiment des gardes-françaises, chevalier de l'ordre royal et militaire de Saint-Louis, gouverneur des ville et château d'Obernheim en Alsace ». Ce contrat est du 5 juin 1778. La maison voisine de cet hôtel, achetée par le marquis de Sommery moyennant 60 000 livres et diverses charges, faisait l'un des coins des rues de Grenelle et de Bourgogne, ce qui indique approximativement sa situation. On apprend encore par cet acte que le marquis de Sommery avait épousé Jeanne-Madeleine-Antoinette-Pulchérie Le Petit d'Aveine, et qu'ils demeuraient rue d'Anjou-Saint-Honoré avant de s'installer rue de Grenelle-Saint-Germain. (*Arch. nat.*, T, 59.)

MAISON THUEZI (*sic*)

LXXXVIII

Inventaire du 11 Germinal l'an IIIe, rue Guenegaud

274. — Un clavecin sans nom, peint en gris, à filets dorés, estimé 200 francs.

275. — Une basse d'Ouvrard [1], avec étui, estimée 150 francs.

276. — Une basse de viole avec étui, estimée 5 francs.

277. — Un violon de Fredimaure 175 (?), estimé 50 francs.

278. — Un violon jaune, sans nom, dans le même étui, estimé 30 fr.

279. — Un pardessus de viole, sans nom, estimé 15 francs.

280. — Un violon, sans nom, avec étui, estimé 10 francs.

MARQUISE DE THUISY

Nous n'avons trouvé qu'une pétition du 23 fructidor an VIII, que N. de Béruelle, MARQUISE DE THUISY, fit adresser par son fondé de pouvoirs au Premier Consul pour lui demander sa radiation de la liste des émigrés du

---

1. Luthier français, élève de Pierray. Les violoncelles sont ses meilleurs instruments. Il a été maitre-juré comptable de sa corporation en 1743. Sa facture est lourde et son vernis est sec.

département de la Seine, attendu qu'elle n'avait jamais quitté le territoire de la République. (*Arch. nat.*, F⁷ 5710.) Il n'y est point question de son mari. Les Goujon de Thuisy, originaires de la Champagne, et les Bérulle, du Dauphiné, étaient deux familles nobles et de magistrature. A la fin du xvɪɪɪᵉ siècle, plusieurs marquis de Thuisy furent conseillers au Parlement de Paris, tandis que des membres de la famille de Bérulle exerçaient des charges semblables au Parlement de Grenoble. (Voy. LA CHESNAYE DES BOIS, *Dictionnaire de la noblesse*)

MAISON THELIS

ÉMIGRÉ

LXXXIX

Inventaire du 24 Germinal l'an III, *rue du Cherche-Midi*

281. — Une épinette à grand ravalement peint en noir et filets dorés, estimée 250 francs.
282. — Une guittare (*sic*) de Fleury [1], faite en 1775, estimée 72 francs.
283. — Un timpanon, estimé 10 francs.
284. — Un clavecin en mauvais état, peint en noir, sans nom, provenant du condamné Vallot (?).

THÉLIS(?) — VALLOT(?)

Nous ne pouvons fournir aucun renseignement sur ces personnages, dont les noms ne figurent même pas sur la Liste générale des émigrés.

1. FLEURY (Benoit), luthier, fabricant de violons et de guitares. Notre Conservatoire possède une *viola da gamba* de ce luthier (1755 à 1788).

MAISON FEMME JAUCOURT

ÉMIGRÉE

XC

Inventaire du 26 Germinal l'an IIIe, rue de Babylone

285. — Un clavecin peint en gris, en forme d'une cassette, fait par
Baillon; il manque la planche du devant; estimée 60 francs.
286. — Une guitare (*sic*) de Cousineau, avec étui; estimée 75 francs.
287. — Une harpe d'Holtzman, avec étui; estimée 1000 francs.
288. — Une boîte de fer blanc à mettre des cordes; estimée 10 francs.

VICOMTESSE DE JAUCOURT

BALLEROY (Thaïs-Simone-Pauline DE LA COUR DE), veuve d'Étienne de
JAUCOURT, et sa fille Anne-Antoinette-Éléonore de Jaucourt se firent délivrer,
par la municipalité de Versailles, le 10 juin 1800, un certificat constatant
qu'elles avaient résidé toutes deux dans cette ville, rue Aristide, n° 28,
depuis le 9 mai 1792 jusqu'au 20 fructidor an V, sans interruption [1]. Elles
n'avaient quitté le territoire de la République qu'après cette date, pour se

1. Nous faisons observer d'une façon générale que les certificats de résidence produits
par les émigrés désireux de rentrer dans leur patrie n'étaient accueillis qu'avec beaucoup
de réserve, beaucoup n'étant que des certificats de complaisance donnés par le signataire
à ses risques et périls.

conformer à la loi du 19 fructidor remettant en vigueur les mesures contre les émigrés. Elles demandaient en conséquence leur radiation, et obtinrent du préfet de la Seine un avis favorable le 26 août 1800 (8 fructidor an VIII). (*Arch. nat.*, F⁷ 5722, dossier DE LA COUR.) On trouve aussi dans ce dépôt deux liasses de papiers saisis au domicile de Mᵐᵉ de Jaucourt à Paris. (T, 285 ¹⁻².) Ils se composent surtout de mémoires de fournisseurs et de quelques titres de propriété où l'on trouve des renseignements sur deux hôtels que la vicomtesse de Jaucourt habita successivement, l'un situé rue de Grenelle-Saint-Germain, près de la fontaine, l'autre rue de Babylone.

Son mari, Étienne-Vivans de Jaucourt, dit le vicomte de Jaucourt, né à Paris le 7 octobre 1727, était en 1765 colonel du régiment de la Marine-infanterie. Il mourut à Augerville au mois de janvier 1780. Le marquis de Balleroy, lieutenant général, père de la vicomtesse de Jaucourt, avait péri sur l'échafaud en 1794. Elle-même mourut en 1806. Sa fille dont il vient d'être question était née à Paris le 21 septembre 1775. Mariée, le 17 février 1801, à Klagenfurth (Carinthie), avec Guy de Durfort, duc de Civrac, puis duc de Lorge, elle est décédée à Fontpertuis le 3 mars 1853. (POTIER DE COURCY, *Continuation de l'Histoire génial. du Père Anselme.* p. 920.)

MAISON D'AVRINCOURT (*sic*)

XCI

Inventaire du 28 Germinal l'an IIIe, rue Dominique, faubourg Germain, 1045

289. — Un clavecin en bois de noyer, sans nom, estimé 300 francs.

290. — Une basse faite par J.-N. Lambert[1], à Paris, 1752, estimé 90 fr.

291. — Un violon ordinaire, sans nom, estimé 8 francs.

292. — Une mandoline, sans nom d'auteur, estimé 50 francs.

MARQUIS D'HAVRINCOURT

HAVRINCOURT (Anne-Gabriel-Pierre de Cardevacque, marquis d'), né le 21 septembre 1739, fils de Louis, lieutenant général et ambassadeur en Hollande, et d'Antoinette-Thérèse Languet de Sergy, était en 1769 colonel au corps des Grenadiers de France, gouverneur de Hesdin, etc. Le fond du séquestre aux Archives nationales contient plusieurs liasses intitulées : « Inventaire fait après l'émigration de M. d'Havrincourt, en son hôtel rue Saint-Dominique, faubourg Saint-Germain ». Les pièces cotées sont principalement des titres de propriété provenant de la succession de la marquise, née de Sergy. C'est d'elle que provenait la maison habitée par son fils, rue Saint-Dominique. (T. 430.) On n'y trouve point d'autres renseignements biographiques. En revanche, un dossier de la police renferme quelques

1. LAMBERT (Jean-Nicolas), luthier parisien. Il a laissé des violes d'amour estimées.

pièces relatives à deux fils d'Anne-Gabriel-Pierre, pendant la période révolutionnaire. Nous citerons : 1° extrait du *Registre aux déclarations des étrangers de la municipalité d'Amiens* du 27 septembre 1792, portant que, le 26 mars précédent, Anne-Louis-Eugène de Cardevacque, fils du ci-devant marquis d'Havrincourt, âgé de vingt-cinq ans, né à Paris, y demeurant ordinairement, est arrivé à Amiens, où il loge chez Honoré Dufourmantel, cordonnier, rue de Beaupuis; 2° un certificat du 6 brumaire an III constatant que ledit sieur a résidé continuellement en ce même endroit depuis le 26 mars 1792 : il y est dit ancien officier au régiment de Mestre-de-camp-cavalerie, âgé de vingt-six ans; 3° un autre certificat, daté du 20 ventôse an IX, portant que Anne-Louis-Eugène de Cardevacque, né à Paris le 6 juillet 1770, a demeuré à Amiens, rue de Beaupuis, du 26 mars 1792 au 28 frimaire an IV, et qu'il est mort le 9 nivôse suivant (30 décembre 1795), onze jours après; 4° une pétition de son frère Anaclet-Henri de Cardevacque d'Havrincourt, se disant enrôlé volontaire, s'appuyant sur les pièces qui précèdent pour demander la radiation d'Anne-Louis-Eugène de la Liste des émigrés du département de la Seine. Elle est datée du 22 frimaire an VII, 28 novembre 1798. (*Arch. nat.*, F⁷ 5715, dossier CARDEVAC.

MAISON LAVAL-MONTMORENCY

ÉMIGRÉ

XCII

Inventaire du 29 Germinal l'an IIIe, rue du Montparnasse

293. — Un forte-piano de Zumpe, 1783, estimé 1 500 francs.

294. — Une harpe de Kruppé avec étui, estimée 500 francs.

    Un étui à deux violons, tous deux sans noms :

295. — Le 1er, sous le n° 295, estimé 200 francs ;

296. — Le 2e violon, estimé 60 francs.

297. — Un violon sans nom, estimé 200 francs.

298. — Un violon d'Amati, cassé, année 1665, estimé 1000 francs.

299. — Un violon marqué d'Amati, estimé 100 francs.

300. — Un alto avec étui, estimé 25 francs.

301. — Un alto de Grosset[1].

302. — Un cor de chasse de Carlin, estimé 25 francs.

303. — Une basse de Henri, 1737, avec étui, estimée 150 francs.

304. — Un basson dans une boîte, fait par Prudent, estimé 75 francs.

---

1. Déjà cité, ainsi que les noms des autres facteurs compris dans la présente saisie.

COMTE DE MONTMORENCY

MONTMORENCY (Mathieu-Paul-Louis, vicomte de Laval, puis comte de), né à Paris, sur la paroisse Saint-Sulpice, le 5 août 1748, troisième fils de Guy-André-Pierre, duc de Montmorency-Laval, maréchal de France en 1783, et de marquise Hortense de Bullion. Colonel du régiment d'Auvergne, puis maréchal-de-camp en 1788, il quitta Paris dès les premiers jours de septembre 1791, et se retira d'abord dans le Comtat-Venaissin, puis à l'étranger. C'est à l'amitié de Joseph Bonaparte qu'il dut sa radiation de la liste des émigrés. (*Arch. nat.*, F⁷ 5746.) Il mourut le 27 décembre 1809. Son fils aîné, Mathieu-Jean-Félicité (1767-1826), vicomte puis duc de Montmorency en 1822, avait été député du bailliage de Montfort-l'Amaury aux États généraux, où il proposa l'abolition de la noblesse. Après avoir été aide-de-camp du maréchal Lückner en 1792, il émigra en Suisse. La Restauration le créa pair de France, maréchal-de-camp, ministre des affaires étrangères, etc., membre de l'Académie française. Sa liaison avec Mᵐᵉ Récamier mit le sceau à sa renommée.

MAISON FEMME BOURNEVILLE

ÉMIGRÉE

XCIII

Inventaire du 2 Floréal l'an IIIe, rue des Pères, 1234

305. — Une guittare (*sic*) de Louvet, avec étui, estimée 50 francs[1].

BOURNEVILLE

Le nom de la « femme BOURNEVILLE » figure sur la Liste générale des émigrés, avec domicile à Paris et inscription du 29 août 1793, mais sans autre renseignement. Les papiers du séquestre et les dossiers de la police n'en fournissent pas davantage.

1. LOUVET, déjà cité pour ses harpes, a construit aussi des vielles estimées. Un *spécimen* de ces vielles figure à l'Exposition de 1889.

MAISON MÉNAGE DE PRESSIGNY

CONDAMNÉ

XCIV

Inventaire du 2 Floréal l'an IIIe, rue des Jeûneurs, 25

306. — Un clavecin de Ruckers, fond merd'oye, à filets dorés, estimé 600 francs.

DE PRESSIGNY

Pressigny (François-Marie Ménage de), fermier général, figure à cette même adresse de la rue des Jeûneurs sur les Almanachs royaux de 1780 à 1791. Né à Bordeaux, il était âgé de soixante ans quand il monta sur l'échafaud révolutionnaire, le 8 mai 1794, avec vingt-sept autres fermiers généraux. Il a été question de leur procès aux n°s XIII et XXXII ci-dessus. (Voy. *Arch. nat.*, W. 362, dossier 785.) Une note jointe aux pièces de ce procès, et rédigée dans le but de disculper Ménage de Pressigny, porte qu'il était fils du directeur des fermes de Nantes et né dans cette dernière ville.

MAISON LA VAUPALIÈRE

XCV

Inventaire du 12 Floréal l'an IIIe, faubourg Honoré

307. — Un forte-piano de Zumpe, 1784.

308. — Un grand piano de Ratisbonne, appartenant à Laugeron.

309. — Un petit piano de Zumpe, appartenant à idem.

MARQUIS DE LA VAUPALIÈRE

MAIGNART (Charles-Étienne Pierre), marquis de LA VAUPALIÈRE, qualifié de
« ancien militaire », né à Paris, et sa femme, Diane-Jacqueline-Henriette de
Clermont d'Amboise, née à Paris, sur la paroisse Saint-Roch, le 19 mars
1733, fille de Jean-Baptiste-Louis de Clermont d'Amboise et d'Henriette de
Fitz-James, furent rayés de la Liste des émigrés du département de Paris,
par arrêté des Consuls du 17 fructidor an IX (4 septembre 1801). Ils avaient
habité en dernier lieu Bayreuth, en Bavière. (Voy. le dossier MAIGNART-
LAVAUPALIÈRE, aux *Arch. nat.*, F⁷ 5732.)

(Il était à l'époque de son mariage, en 1766, sous-lieutenant de la première compagnie des mousquetaires du Roi.)

MAISON JERNINGHAUS (*sic*)

ÉMIGRÉ

XCVI

Inventaire du 22 Floréal l'an IIIe, rue Dominique, 205

310. — Un clavecin peint en noir, sans nom.
311. — Une basse, sans nom d'auteur, avec étui.

COMTE DE JERNINGHAM

Il résulte d'une note sans date remise au ministre de la police par l'ancien archevêque de Bordeaux Champion de Cicé, que le COMTE DE JERNINGHAM était Anglais, maréchal-de-camp au service de la France. Porté sur les listes de l'émigration, il demandait sa radiation et un passeport pour revenir à Paris, faisant valoir qu'il n'avait jamais voulu accepter de régiment en Angleterre, pour ne pas servir contre la France. (*Arch. nat.*, dossier JERNINGHAM, F⁷ 5735). Le nom de ce personnage peut être complété au moyen du titre suivant, inscrit sur un petit dossier de papiers séquestrés : « État des pièces remises au Directeur des domaines nationaux de Paris, faisant partie de celles comprises dans l'inventaire des papiers de Charles-Louis Barford Jerningham, émigré, qui demeurait rue Saint-Dominique, n° 205, section de la Fontaine de Grenelle. » (*Id.*, T. 1 112, dossier JERNINGHAM.)

MAISON GEBERT

ÉMIGRÉ

XCVII

Inventaire du 24 Floréal l'an III, *rue et cloître des Bernardins, 132*

312. — Un forte-piano, sans nom d'auteur.

D'ABZAC DE GEBERT

Il existe dans les papiers de la police relatifs aux émigrés un petit dossier au nom d'Antoine (*sic*) Madeleine D'ABZAC DE GEBERT. Les pièces produites tendent à prouver qu'elle était en 1792 et 1793 aux eaux d'Aix-la-Chapelle pour cause de santé. On y trouve un brouillon de lettre du ministre de l'intérieur adressé, le 11 décembre 1792, « à la citoyenne Gebert d'Abzac, rue des Petits-Augustins, n° 2 », où il est question de la maladie de sa fille et de la position fausse qui résulte pour elle de son absence, la loi relative à l'émigration étant formelle et ne portant aucune exception en faveur des personnes infirmes ou malades. (*Arch. nat.*, F⁷ 5730, dʳ DE GEBERT (*sic*). Le nom de Gebert ne se trouve pas ailleurs, ni dans les papiers séquestrés ni dans ceux du tribunal révolutionnaire. Les renseignements qui précèdent ne permettent pas d'affirmer que l'émigré Gebert de notre catalogue, dont la maison est située rue et cloître des Bernardins, soit le mari de la « citoyenne Gebert d'Abzac » domiciliée en décembre 1792 rue des Petits-Augustins, n° 2.

MAISON

D'ARCHAMBAUD PÉRIGORD DE VIRVILLE

ÉMIGRÉ

XCVIII

Inventaire du 18 Floréal l'an IIIe, rue de l'Université, 900

313. — Un forte-piano en bois de chêne, sans nom d'auteur.

DE TALLEYRAND-PÉRIGORD

L'hôtel du Périgord, situé rue de l'Université, près de la rue de Belle-chasse, était habité, au commencement de la Révolution, par le frère cadet du célèbre diplomate et homme d'État, Archambaud-Joseph de Talleyrand, comte puis duc de TALLEYRAND-PÉRIGORD (en 1817), né le 1er septembre 1762, maréchal-de-camp en 1814, mort à Saint-Germain-en-Laye le 3 mai 1838. En 1792 et dans les premiers mois de 1793, il demeura à Paris, mais dut chan-ger plusieurs fois de domicile : un certificat de résidence du 2 mars de cette année porte sa demeure rue du Faubourg-Saint-Denis, n° 36. Enfin il dut fuir pour se soustraire à un mandat d'arrêt décerné contre lui par le Comité de Sûreté générale, le 22 avril 1793. Sa femme, moins heureuse, périt sur l'échafaud le 8 thermidor an II (26 juillet 1794). C'est à cause d'elle que le nom de Virville est ajouté ici à celui d'Archambaud de Périgord. Elle se nommait Madeleine-Henriette-Sabine Olivier de Sénozan, et était fille de Jean-François-Ferdinand, marquis de Virville, ou Viriville. Le comte de Talleyrand-Périgord s'était marié le 2 décembre 1778. (*Arch. nat.*, F⁷ 5 707. — Voy. aussi POTIER DE COURCY, *Continuation de l'hist. généal. du P. Anselme.* — Paris. Didot, 1873-1881, in-fol., p. 82.

MAISON LOWENDAL

ÉMIGRÉ

XCIX

Inventaire du 27 Floréal l'an IIIe, rue du Faubourg-Montmartre, 1039

314. — Un clavecin fait par Henri Hemsch, 1763.

315. — Une harpe de J. Louvet, avec étui.

316. — Une vielle de F. Fleury, à Paris, avec étui.

317. — Un violon ordinaire, sans nom, avec étui.

318. — Un violon jaune, sans nom et sans étui.

319. — Une guitare de Couicu, à Blois, 1642.

320. — Une guitare de Remy[1], à Paris.

321. — Une guitare, sans nom d'auteur. (Toutes trois sans étui.)

COMTE DE LOWENDAL

Une liste d'émigrés du département de la Seine arrêtée le 7 juin 1793 porte l'inscription suivante : LOWENDAL (femme), *rue du Faubourg-Montmartre.*

Charlotte-Elisabeth-Marguerite de Bourbon, fille naturelle du comte de Charolais et d'une dame de la Noue, avait épousé Waldemar-François-Xa-

---

1. REMY, luthier parisien appartenant à une vieille famille de luthiers. Il a laissé quelques bonnes guitares. Sa facture était ordinaire ; on a de lui quelques archets estimés.

vier, comte de Lowendal-Danneskiold, né à Varsovie en 1743, fils d'Ulric-
Frédéric-Waldemar, maréchal de France, membre honoraire de l'Académie
des sciences, mort à Paris, au palais du Luxembourg, le 27 mai 1755. Le
comte de Lowendal paraît être retourné avant la Révolution en Danemark,
son pays d'origine, avec son fils François-Xavier-Joseph, né à Paris le
4 février 1772, qui devint ambassadeur du roi de Danemark en Russie en
1801. Sa femme était restée à Paris avec leurs deux filles. Le 14 août 1792,
sur la demande par écrit de l'envoyé extraordinaire de Danemark à Paris,
un passe-port fut délivré par le ministre des affaires étrangères à ladite
dame, afin qu'elle pût aller rejoindre son mari à Copenhague, en passant par
l'Angleterre. Se réclamant de sa qualité d'étrangère, comme mariée à un
Danois, la comtesse de Lowendal fit présenter au département de Paris, le
8 mai 1793, une pétition demandant que la loi contre les émigrés ne lui fût
point appliquée et que les scellés apposés sur ses meubles fussent levés.
Néanmoins elle fut inscrite, ainsi que son mari et ses enfants, sur la Liste des
émigrés du département de Paris, et, malgré ses nombreuses démarches et
réclamations et celles du chargé d'affaires de Danemark, ce ne fut que le
29 thermidor an VIII (17 août 1800) qu'elle put obtenir du préfet de la
Seine un avis favorable à sa radiation; radiation qui n'était pas encore
prononcée d'une façon définitive le 7 août 1801, comme en témoigne une
lettre de cette date écrite par le plénipotentiaire du roi de Danemark à
Fouché, ministre de la police. (Voy. l'intéressant dossier LOWENDAL aux
Arch. nat., F⁷ 5742.)

MAISON DE CROI (*sic*)

ÉMIGRÉ

C

Inventaire du 13 Prairial l'an III, *rue du Regard*

322. — Un forte-piano de Beck, fait en 1788, appartenant à Debrange, émigré, rue de Sèvres, estimé 5 000 francs.

323. — Un clavecin de Henri Hemsch [1], peint en rouge, estimé 800 fr.

324. — Un forte-piano en bois de noyer, sans nom d'auteur, estimé 600 francs.

DUC DE CROY

Croy (Anne-Emmanuel-Ferdinand-François, duc de), prince de Sobre, grand d'Espagne, né à Paris le 10 novembre 1743, maréchal-de-camp en 1784, chevalier du Saint-Esprit en 1786. Il émigra au commencement de l'année 1792, et mourut au château de Rœux (Hainaut) le 15 décembre 1803. Parmi les papiers saisis à son domicile et placés sous séquestre, se trouvèrent un

1. Le nom de ce facteur estimé s'est produit à plusieurs reprises dans cet inventaire. Nous avons eu occasion de voir plusieurs spécimens de la fabrication de Hemsch, mais la couleur et le décor ne répondent pas à ceux notés par Bruni : un seul instrument laqué rouge se rapproche du n° 323 ; le millésime diffère.

assez grand nombre de titres de propriété, qui furent déposés aux *Archives
nationales,* où elles existent encore sous la cote T 6 ¹ à ³. Ce duc de Croy
émigré était fils d'Emmanuel, prince de Sobre, maréchal de France en 1783,
mort à Paris le 30 mars 1784, et d'Angélique-Adélaïde d'Harcourt. (Voy.
POTIER DE COURCY, *Continuation de l'Hist. généal. du P. Anselme,* in-fol.
— Paris, Didot, p. 312.) Le maréchal duc de Croy habitait déjà l'hôtel de la
rue du Regard, comme on le voit dans l'Almanach royal de 1784.

MAISON DE LUSIGNAN

ÉMIGRÉ

CI

Inventaire du 21 Prairial l'an IIIᵉ, rue Dominique-d'Enfer

325. — Un clavecin de Joannes Germain, fond gris à bande dorée, estimé 400 francs.

326. — Une basse, sans nom d'auteur, avec son étui, estimée 150 fr.

327. — Une basse faite d'une viole, sans nom d'auteur, n'y archet n'y étuy (*sic*), estimée 150 francs.

328. — Un étui noir à deux violons, dont un de Stainer, fait en 1664, estimé 200 francs.

329. — Le 2ᵉ violon, sans nom d'auteur, estimé 60 francs.

330. — Une guittare (*sic*) d'Alexandre Vogeant le jeune, faite en 1673, avec son étui, estimée 40 francs.

331. — Un alto, sans nom et sans étui, estimé 36 francs.

332. — Un autre alto, *idem*, estimé 50 francs.

333. — Deux étuis de basse, estimés 50 francs.

MARQUIS DE LUSIGNAN DE LEZAY

LUSIGNAN DE LEZAY (Philippe-Hugues-Anne-Roland-Louis, marquis de), qualifié lieutenant général des armées du Roi dans un acte du 14 mai 1781 qui habitait rue Saint-Dominique-d'Enfer, comme on le voit ici, et dans l'inventaire de ses papiers fait après qu'il eut émigré (*Arch. nat.*, T, 110 [1-2]), était fils de Hugues-François, marquis de Lusignan, et de Louise-Henriette de Foudras de Châteauthiers. Il fut marié deux fois : 1º avec Louise-Blandine de la Rivière, fille d'un lieutenant général ; 2º avec M. Couraud de la Roche-Chevreux. Avec lui demeurait Hugues-Thibaut-Henri-Jacques de Lusignan, sans doute son fils. Il y a au nom de ce dernier un dossier parmi les papiers relatifs aux émigrés du département de la Seine. Dans un mémoire adressé au ministre de la police, le 24 pluviôse an VIII (12 février 1800), dans le but d'obtenir sa radiation, Jacques-Thibaut-Henri de Lusignan expose que, dans les premières années de la Révolution, il était maréchal-de-camp des armées du Roi, député à l'Assemblée constituante. Appelé en Angleterre pour ses affaires, il partit le 10 juillet 1792 pour Londres, muni d'un passe-port de la municipalité de Paris. De retour le 17 octobre suivant, il se fixa à Abbeville. Mais pendant son absence on l'inscrivit parmi les émigrés de Paris et on voulut lui appliquer les peines portées par la loi du 23 octobre 1793. C'est alors qu'il dut s'expatrier. (F⁷ 5742).

MAISON ROQUEFEUILLE (*sic*)

CII

Inventaire du 22 Prairial l'an IIIe, rue Dominique, 1060

334. — Un violon d'Antonius Hyeronimus Amatis (*sic*), année 1566, estimé 400 francs.

335. — Un violon d'Andreas Guarnerius[1], fait en l'année ..16, estimé 200 francs.

336. — Un alto, fait par Fent[2], cul-de-sac Saint-Pierre, à Paris, avec son étui, estimé 72 francs.

MARQUIS DE ROQUEFEUIL

Cet hôtel de la rue Saint-Dominique était occupé, au moment de la Révolution, par Innocent-Adrien-Maurice, marquis de Roquefeuil, et Marie-Paule-Suzanne de la Lande de Calan, sa femme. Il était fils d'Aymar-Joseph, comte de Roquefeuil, lieutenant général des armées navales, commandant pour le roi à Brest, et de la dame de Kergus, héritière d'une riche famille de

1. Guarnerius (Andreas), Crémone (1630-1695). Élève de Nicolas Amati. Ses violons sont ses meilleurs instruments. — V. Hart, *le Violon*.

2. Fent, luthier français (1763-1780), probablement d'origine anglaise. Il a laissé des violons d'une facture très soignée et d'un vernis estimé.

Bretagne. Le marquis de Roquefeuil était en mai 1777 capitaine au régiment de Noailles-dragons, et en 1789, colonel du régiment de Médoc. Avant d'habiter, rue Saint-Dominique, cet hôtel, qui ne paraît pas avoir été sa propriété, le marquis changea au moins quatre fois de domicile depuis l'année 1777 qu'il vint se fixer à Paris. Il demeurait avant chez son père, en Bretagne. A cette époque, le marquis de Bréhan lui loua, moyennant 4 500 livres par an, une maison sise rue de l'Université. Il l'occupait encore en janvier 1780. Puis il eut son domicile sur le quai Conti, près le collège des Quatre-Nations, domicile qu'il était sur le point de quitter le 27 mai 1784, car ce jour-là il prit à bail pour trois années un hôtel avec jardin rue de Miromesnil, moyennant 5 000 livres par an. Ces renseignements sont extraits des titres de famille et autres papiers saisis chez le marquis de Roquefeuil en 1793, et conservés actuellement aux Archives nationales (T. 415, 1093, 1176).

MAISON D'OPPÈDE

ÉMIGRÉ

CIII

Inventaire du 27 Prairial l'an IIIe, rue du Vieux-Colombier, 746

337. — Un clavecin de Henry Hemsch[1], peint en rouge, estimé 400 fr.

338. — Une basse, avec étui, sans nom, estimée 180 francs.

339. — Une autre vieille basse, sans nom, et son étui, estimés 50 fr.

340. — Un pardessus de viole, fait par Pierre de Planche, sans étui, estimé 5 francs.

341. — Un violon commun, fait par Louis Poiros, et quatre mauvais archets, estimés 10 francs.

342. — Une mauvaise harpe rouge, sans nom d'auteur, estimée 200 fr.

343. — Une épinette peinte en noir, sans nom d'auteur, estimée 60 fr.

344. — Deux pupitres sans bobèches, en bois de noyer, estimés ensemble 20 francs.

DE FORBIN D'OPPÈDE

Dans le fonds du séquestre, aux Archives nationales, se trouve un petit dossier intitulé : « Inventaire des papiers de l'émigré FORBIN D'OPPÈDE, qui

---

1. Déjà cité.

demeurait maison des Orphelines, rue du Vieux-Colombier, n° 746, section du Luxembourg ». Ce dossier comprend : 1° six actions de la *Caisse d'épargne et de bienfaisance*, souscrites les 21, 23 et 31 mars 1792, par Augustin-Pierre-Marie-Palamède de Forbin de Maynier d'Oppède, né, à la Verdière, le 29 juin 1764 ; 2° quelques bordereaux de rentes reçues par M. Maury, homme d'affaires, pour MM. les marquis, chevalier et abbé d'Oppède, provenant de la succession de leur mère de 1784 à 1787 (T. 1 116). En se reportant à la généalogie de la maison de Forbin, publiée en 1773 par La Chesnaye des Bois, on voit que c'étaient les fils de Joseph-Louis-Charles-Palamède de Forbin, baron d'Oppède, seigneur de la Verdière, et de Marie-Françoise de Baussan. (*Dict. de la Noblesse*, T. VI. p. 529.)

MAISON CI-DEVANT BOURBON

CIV

Inventaire du 16 Messidor l'an IIIe, rue du Faubourg-Honoré

345. — Un clavecin fond gris, à bande dorée, fait par Baltazard Peronard en 1760, appartenant à l'émigré la Mark, estimé
600 francs.

PALAIS DE L'ÉLYSÉE BOURBON

La maison ci-devant Bourbon, c'est le *Palais de l'Élysée-Bourbon*, rue
du Faubourg-Saint-Honoré, construit en 1718 par le comte d'Evreux, acquis
par Mme de Pompadour, qui l'habita jusqu'à sa mort, ayant appartenu à
partir de 1773 à Beaujon, qui y fit des embellissements considérables,
devenu enfin propriété nationale à la Révolution.

Sans doute les meubles désignés ici provenaient de l'hôtel de la Marck.
Louis-Engelbert, comte de la Marck, baron de Lumain, etc., grand d'Espagne
de 1re classe, lieutenant général des villes et citadelles de Cambray et du
Cambrésis, colonel du régiment d'infanterie allemand de son nom, habitait
rue d'Aguesseau, faubourg Saint-Honoré, au moment de sa mort, en 1773. Sa
femme Marie-Anne-Françoise de Noailles, née en 1719, était la dernière fille
d'Adrien-Maurice, duc de Noailles, pair et maréchal de France, et de Fran-
çoise-Charlotte-Amable d'Aubigné, dame de Maintenon. Elle ne lui donna
point d'enfant et lui survécut dix-huit ans. Au commencement de l'année
1791, elle se rendit à Bruxelles, auprès des parents de son mari, qui étaient

sujets de l'Empereur. Ce voyage fut une déception, et elle dut rentrer en France l'année suivante, ayant épuisé ses ressources. Son absence cependant avait duré assez longtemps pour qu'elle fût considérée comme émigrée. Elle trouva à son retour son nom inscrit sur la liste et ses biens mis sous séquestre. Alors elle se retira à Saint-Germain-en-Laye (à Montagne-Bon-Air, comme on disait en 1793), et passa le reste de sa vie en instance pour obtenir la levée du séquestre. Le procureur général syndic voulut bien l'accorder, mais pas avant que la comtesse de la Mark n'eût payé une double imposition montant à 3850 livres. Elle mourut avant d'avoir pu payer cette somme, le 29 juin 1793, à Saint-Germain. Ses deux frères, Louis et Philippe de Noailles, étaient ses héritiers naturels. Le premier ne lui survécut que deux mois, le second périt sur l'échafaud peu de temps après, et leurs enfants, ayant émigré, étaient inhabiles à hériter; de sorte que la succession de la comtesse de la Marck, née de Noailles, échut à la nation. (*Arch. nat.*, T. 769, dossier Veuve LA MARCK, comprenant la liquidation de sa succession.)

MAISON DE LA CI-DEVANT CONCEPTION

CV

Inventaire du 28 Messidor l'an IIIe, rue Honoré

346. — Un mauvais clavecin de Ruckers, fond noir à bande dorée, ayant tous ses pieds cassés, appartient à l'émigré Durfort, estimé 200 francs.

COMTE DE DURFORT

Comte de Durfort. Beaucoup de membres de cette famille sont inscrits sur les listes d'émigrés. Celui qui est nommé ici paraît être Félicité-Jean-Louis-Étienne, comte de Durfort, né à Paris et baptisé à Saint-Roch le 4 mars 1752. Il était ambassadeur à Venise au moment de la Révolution. Révoqué en 1792 par le ministre Dumouriez, il se disposait, paraît-il, à rentrer en France, quand il apprit que son nom avait été porté sur une liste d'émigrés, et dut fixer sa résidence en Italie. Il mourut à Venise le 11 mars 1801. C'est donc à tort que les généalogies imprimées fixèrent son décès en 1786 dans cette ville. Son hôtel à Paris était situé rue Neuve-de-Berry, n° 3, tout près des Champs-Élysées. On voit ici qu'une partie de ses meubles séquestrés auraient été transportés *au couvent de la Conception*, devenu propriété nationale en 1790. La maison des Filles de la Conception se trouvait rue Saint-Honoré, à l'angle occidental de la rue Neuve-de-Luxembourg.

De sa première femme, Armande-Jeanne-Claude de Béthune, qu'il avait épousée le 5 octobre 1772, le comte de Durfort eut trois enfants: 1° Armand-

Céleste, comte de Durfort, né à Paris le 16 mai 1774, maréchal-de-camp en 1814, gouverneur de l'École militaire de Saint-Cyr en 1823, mort à Paris, sans alliance, le 17 décembre 1856 ; 2° Amélie-Louise-Thérèse, mariée au vicomte de Dampmartin ; 3° Félicité-Louise-Julie-Constance, qui épousa en premières noces le marquis de Beurnonville, pair et maréchal de France (mort le 23 avril 1821), puis, en 1825, le baron Fremiot. Cette dernière mourut à Paris le 7 février 1870. (*Arch. nat.*, dossier DURFORT, F⁷ 5 726 ; POTIER DE COURCY, *Continuation de l'Hist. généal. de la maison de France*, — Paris, Didot, in-fol., 1873, p. 358.) Le marquis de Beurnonville, alors ambassadeur à Madrid, obtint du Premier Consul, en 1803, la restitution des biens de son beau-père. Le dossier des Archives nous apprend que le comte de Durfort avait contracté une seconde alliance avec une Anglaise, lady Georgina-Amélie Seymour.

ABEILLE

(Divers objets et musique appartenant aux émigrés dont les noms suivent, et remis
au Collége de Navarre)

CVI

Inventaire du 1er Thermidor l'an IIIe

347. — Un violon avec son archet, sans nom, sans étui, provenant de
l'émigré Mac-Maon (*sic*), estimés 50 francs.

ABEILLE

Nous n'avons point de renseignements à fournir sur ce personnage,
n'ayant rien trouvé, sauf une chemise portant cette inscription : « Inventaire des papiers d'Abeille, émigré. Cotte I : une pièce ». Cette pièce unique
est un billet de 200 livres souscrit au profit de M. Cantuel, curé de Saint-
Séverin, le 4 novembre 1777, et dans lequel le nom d'Abeille ne figure
même pas. (T. 274, *Arch. nat.*)

Le collège de Navarre était situé rue de la Montagne-Sainte-Geneviève.
C'est là que fut installée l'École Polytechnique.

BIGANT

CVII

348. — Un violon, sans nom, avec son archet, sans étui, provenant
du condamné Bigant, mis hors de la loi au 9 thermidor,
estimés 30 francs.

349. — Un autre violon avec son archet, sans nom et sans étui, estimés 20 francs.

350. — Une flûte en buis, sans nom, estimée 25 francs.

351. — Un sistre de Regnault, estimé 120 francs.

BIGANT

Bigant (Claude), né à Paris le 11 décembre 1754, guillotiné, sur la place
de la Révolution le 11 thermidor an II, 29 juillet 1794. Il était peintre-
décorateur, établi rue des Boulangers, n° 5, quartier Saint-Victor, et fut
membre de la Commune de Paris. Le 9 thermidor au soir, quand Robespierre, décrété d'accusation par la Convention et délivré par Coffinhal, fut
amené à l'Hôtel-de-Ville, Bigant y siégeait avec ses collègues et fut pris avec
eux dans la nuit, leur citadelle ayant été envahie par les gardes nationaux.
Mis hors la loi, il fut envoyé à l'échafaud, sur la simple constatation de son
indentité, ainsi que soixante-dix membres de la Commune. (*Arch. nat.*, W.
434, dossier 976, et T. 1115, petit dossier de papiers saisis chez Bigant et
contenant quelques renseignements sur sa famille et ses affaires.)

MAC-MAON (*sic*)

CVIII

352. — Une flûte en buis de Pelletier, provenant de l'émigré Abeille, estimée 30 francs.

353. — Un serpent, auquel manque la partie de cuivre qui termine l'embouchure, provenant d'une chapelle du Finistère, estimé 30 francs.

PATRICE DE MAC-MAHON

Mac-Mahon (Patrice de) était venu à Paris pour y étudier la médecine. Il y avait deux oncles : l'un, N. O'Reilly, ancien lieutenant-colonel du régiment de Dillon ; l'autre, Eugène O'Reilly, médecin. Parmi les papiers séquestrés, il y a un petit dossier à son nom (Macmahon, Patrice, Anglais) qui contient surtout des lettres missives, tant en anglais, qu'en français, dont la plus ancienne est du 6 décembre 1791 et la plus récente du 17 août 1793. Les adresses portent : « Au citoyen Mac-Mahon, étudiant en médecine », d'abord « au Séminaire des Irlandais », puis « rue du Mont-Saint-Hilaire, n° 10, chez le citoyen Panier, tourneur », et enfin « chez le citoyen Lecourt, tenant l'hôtel Saint-Ambroise, rue du Four, Mont-Saint-Hilaire, à Paris ». C'est parmi les effets d'étudiant qu'il laissa à son hôtel, lorsqu'il retourna dans son pays, que l'on trouva un ou deux instruments de musique désignés ci-dessus et les quelques papiers que nous venons de citer. (*Arch. nat.*, T. 784.)

MAISON DE LA FEMME MOIRIA (*sic*)

ÉMIGRÉE

CIX

Inventaire du 1ᵉʳ Thermidor l'an III ᵉ, rue du Faubourg-Jacques, 205

354. — Un violon ordinaire, sans nom, sans archet et sans étui, estimé 100 francs.

BARONNE DE MOYRIA

Davoust (Anne-Charlotte), née à Paris, paroisse Saint-Louis-en-l'Ile, le 15 février 1756, était veuve de Louis-François, baron de Moyria, dès 1784, et avait un fils nommé Louis. Elle paraît avoir résidé à Lyon de 1792 à 1797, et n'être allée en Suisse, à Bâle, que le 28 fructidor an V, pour obéir à la loi du 19 fructidor, avec un passeport délivré par l'administration centrale du département du Rhône. Néanmoins son nom fut inscrit sur la Liste des émigrés du département de la Seine (88ᵉ partie, arrêtée le 7 prairial an III). Son adresse y est donnée « rue de la Bourbe, ci-devant Port-Royal ». Malgré la différence qu'elle présente avec notre catalogue (faubourg Saint-Jacques, 205), nous croyons qu'il s'agit bien de la même personne. La rue de la Bourbe d'ailleurs faisait l'angle avec la première maison du faubourg Saint-Jacques. La veuve Moyria obtint sa radiation le 15 messidor an VIII. Les pièces contenues dans le dossier de cette dame

sont les pétitions, recommandations et productions faites pour arriver à
ce résultat (*Arch. nat.*, F⁷ 5 721). Le baron Moyria était lieutenant-colonel
capitaine commandant la compagnie des Cadets gentilshommes de l'École
royale militaire, chevalier de Saint-Louis, etc., et possédait des terres en
Franche-Comté, du côté d'Arbois et de Poligny. Il habitait l'hôtel de l'École
militaire. Sa femme continua même d'y demeurer dans les premiers temps
de son veuvage ; ce n'est qu'ensuite qu'elle alla demeurer rue Saint-Jacques.
Dans les papiers saisis à son domicile, lorsqu'elle fut partie pour l'étranger,
son adresse est ainsi donnée : « N. Davoust, veuve Moyria, émigrée, qui
demeurait rue Saint-Jacques, n° 205, section de l'Observatoire ». Ainsi cette
adresse est tantôt rue du Faubourg-Saint-Jacques, tantôt rue de la Bourbe,
tantôt rue Saint-Jacques. Beaucoup de renseignements de famille se trouvent dans le dossier Moyria du fonds du séquestre. (*Arch. nat.*, T. 453 ¹ et ².)

MAISON DORIA

ÉMIGRÉ

CX

Inventaire du 21 Thermidor l'an III°, rue d'Enfer-Michel, 154

356. — Un forte-piano d'Erard, fait en 1787, estimé 8 000 francs.

357. — Un violon ordinaire, sans nom, sans archet, sans étui, estimé 12 francs.

358. — Une petite pochette de maître à danser, ayant son archet et son étui en cuir, estimée 30 francs.

359. — Une flûte en bois noir, sans nom, avec quelques corps de flûte dépareillés, estimés 30 francs.

— —

ANTOINE DORIA

Doria (Antoine), riche Portugais de l'île de Madère, était venu à Paris pendant l'hiver de 1791 avec sa femme, Catherine Creston, Irlandaise, et sa fille Joannine, dans le but de recueillir une succession échue à cette dernière, qui était encore mineure et sous la tutelle de son père. Cette affaire paraissant nécessiter un long séjour en France, ils firent l'acquisition d'une maison rue d'Enfer, 154, près le Luxembourg, et s'y installèrent. L'année suivante, ils durent faire un voyage en Angleterre, et quittèrent Paris le 22 avril 1792. Leur absence se prolongea plus qu'ils n'avaient pensé. Antoine

Doria tomba malade, et mourut en 1795. Bien qu'aucun membre de sa famille ne fût Français, et que leur absence ne pût être considérée comme une émigration, leur maison fut séquestrée et *mise en loterie*, et leurs meubles vendus. Tel est du moins le résumé des faits présentés dans un mémoire adressé au ministre de la police par le fondé de pouvoirs de Mme Doria, le 23 vendémiaire an V (14 oct. 1796). On ne saurait dire quelle suite fut donnée à cette requête, à laquelle aucune réponse n'avait encore été faite le 15 mai 1797. (*Arch. nat.*, dossier DORIA, F⁷ 5725.)

MAISON DE L'EX-ABBÉ DE CALONNE

CXI

Inventaire du 12 *Thermidor l'an III*, *rue du Mont-Blanc*, 62

355. — Plusieurs parties de hautbois, avec quelques outils pour les faire; le tout provenant de l'ex-abbé de Calonne, émigré, estimées ensemble 1 000 francs.

DE CALONNE

CALONNE (Charles-Alexandre de), né le 20 janvier 1734 à Douai, où son père était premier-président du Parlement, mort à Paris le 30 octobre 1802. Avocat général au Conseil d'Artois, procureur général au Parlement de Douai, puis maître des requêtes en 1763, il fut, par la protection du comte d'Artois et de Vergennes, appelé au poste de contrôleur général des finances en 1783. Pendant quelque temps il réussit à tromper tout le monde sur la détresse du trésor; mais, pour couvrir les dépenses sans cesse grandissantes, il n'avait point d'autre moyen que les emprunts, les anticipations, et des édits bursaux qu'il faisait enregistrer d'autorité. Un tel système ne pouvait durer. Forcé de convoquer une assemblée de notables (1787) et de lui avouer un déficit considérable, il chercha à en faire retomber la responsabilité sur l'administration de son prédécesseur. Necker lui répondit victorieusement. Dès lors tout le monde s'unit contre lui. Il fut destitué et exilé en Lorraine le 30 avril 1787. Peu de temps après, il passa en Angleterre, où il épousa la veuve d'un financier, M. d'Harvelay, qui lui apporta une immense fortune.

Pendant la Révolution, Calonne fut l'un des agents les plus actifs du parti royaliste, fit de nombreux voyages en Allemagne, en Italie et en Russie, et se ruina presque complétement. Sous le Consulat, ayant obtenu de revenir à Paris, il intrigua avec Fouché pour supplanter Talleyrand; mais il ne réussit pas à se faire bien venir du Premier Consul. Du reste, une pleurésie l'enleva peu de mois après son retour. Les papiers saisis à l'hôtel de l'abbé de Calonne et mis sous séquestre se trouvent actuellement aux Archives nationales, cote T, 260 et 261.

La rue de la Chaussée-d'Antin, où était situé cet hôtel, s'appela Mirabeau en 1791, aussitôt après la mort du grand orateur, qui y demeura; puis, en 1793, on lui donna le nom du Mont-Blanc, en mémoire du département de ce nom, réuni à la France par décret du 27 novembre 1792.

MAISON GOULETTE

ÉMIGRÉ

CXII

Inventaire du 28 Thermidor l'an IIIe, rue Saint-Louis au Marais, 317

360. — Un forte-piano d'Erard, fait en 1784.

361. — Un forte-piano, sans nom d'auteur, en bois noir.

362. — Un corps de chasse (*sic*) en cuivre, de Raoux, avec des armes en lion (*sic*).

363. — Un violon, sans nom d'auteur. avec son archet et son étui.

364. — Un autre violon ordinaire, sans nom, sans archet et sans étui.

365. — Un mauvais violon, sans nom, sans archet et sans étui.

366. — Un mauvais violon décollé, sans nom, sans archet et sans étui.

MARQUIS DE GOULET (?)

Nous n'avons point trouvé de renseignement sur ce personnage. — S'agit-il du marquis de GOULET qui figure sur la Liste générale des émigrés comme domicilié et possédant des biens à Paris, et dont l'émigration fut constatée dès le 26 juillet 1792?

MAISON DE LA FEMME DOUGÉ

CXIII

Inventaire du 29 Thermidor l'an IIIe, rue Croix, près la rue des Capucines, 956

367. — Un forte-piano d'Erard, fait en 1789.

DOUGÉ

Ce nom doit être défiguré, car on ne le trouve ni sur les listes d'émigrés, ni sur l'état général des personnes traduites devant le tribunal révolutionnaire.

APPENDICE

ORIGINES DU CONSERVATOIRE DE PARIS [1]

Jusqu'en 1789 la France fut le pays où l'on dépensa le plus pour cultiver la musique ; mais les moyens qui furent employés ne servirent point au perfectionnement de l'art : ils consistaient dans les nombreuses écoles de musique entretenues pour le service du culte et connues sous le nom de maîtrises. L'enfance de la musique se serait prolongée longtemps en France sans l'essai de l'opéra italien fait en 1645 par le cardinal Mazarin.

Le succès de l'*Orfeo e Euridice*, en 1647, détermina le goût national en faveur de ce genre de spectacle, et fit naître le désir de le transporter sur la scène française.

Depuis l'établissement de l'opéra français, ses moyens se perfectionnèrent successivement, et il devint le spectacle le plus brillant d'Europe. Mais la partie du chant était restée en arrière, parce que l'établissement d'écoles propres à l'étude de toutes les parties de l'art devait suivre la création de l'opéra : on n'y songea pas. Cette imprévoyance livra le spectacle à l'influence de l'enseignement des maîtrises, et fut la source du mauvais goût qui caractérisa longtemps le chant français, puisqu'on était presque toujours obligé de recruter les théâtres lyriques de sujets formés dans les écoles entretenues par le clergé pour le service du culte.

Les moyens de conservation et de reproduction de l'art musical en France se trouvèrent donc circonscrits dans les maîtrises, où l'on enseignait plus particulièrement la partie de la composition qui se rapportait à la musique d'église ; on s'abstenait de l'étude du genre dramatique. L'étude instrumentale se bornait à l'orgue et au serpent ; dans quelques-unes des

---

1. *Recueil de pièces sur le Conservatoire.*

maîtrises on enseignait le basson et le violoncelle, mais rien de plus. Quant à la musique chantée, l'on sait combien celle-ci dans les églises de France était éloignée de la pureté et de la grâce de la mélodie italienne ; encore n'enseignait-on le chant dans ces écoles que jusqu'à l'âge où la voix mue, parce que jusque-là les élèves enfants de chœur étaient utiles pour remplir les parties de dessus : lorsque ce terme arrivait, ils étaient remplacés par d'autres enfants et renvoyés avec une modique somme. Parmi ceux qui n'avaient pas conservé de voix, les uns se livraient à l'étude des instruments, les autres embrassaient un état différent. Après l'âge de puberté, ceux dont la voix avait acquis les qualités nécessaires au chant se destinaient ordinairement à remplir les places de chantres-bénéficiers dans les chapitres ou de choristes dans les églises ; mais ces élèves, abandonnés après une éducation aussi imparfaite, viciaient toujours leur voix, la rendaient dure et criarde, parce que leur but avait été de faire entendre les chants du culte du lutrin au porche, et que tout ce qui pouvait leur faire atteindre ce but était bon.

On a vu que les écoles de maîtrises, formant des élèves seulement pour le culte, ne s'attachaient strictement qu'à leur enseigner le chant approprié à cette destination, et que la musique instrumentale y était très peu cultivée : il en résultait un vide qui se faisait notamment remarquer dans les corps de musique attachés aux armées. La plupart des musiciens de régiments étaient Allemands, et les orchestres mêmes de nos théâtres étaient en grande partie composés d'artistes étrangers.

Au nombre des vices de ce système d'enseignement musical, il faut placer celui de ne point admettre les femmes ; et cependant leur utilité dans les concerts et les spectacles était incontestable.

L'enseignement musical, aussi dispendieux que celui des maîtrises des cathédrales, ne fut donc d'aucune utilité, et, pour les progrès de l'art, il n'est sorti de ces maîtrises qu'un petit nombre de compositeurs, parmi lesquels peu se distinguèrent ; elles n'ont produit aucun instrumentiste de mérite, et, à quelques exceptions près, les chanteurs qu'elles ont formés n'ont point dépassé la médiocrité.

Le besoin d'assurer le service de la scène lyrique et de remédier aux vices de l'enseignement des maîtrises, et la nécessité d'introduire enfin une meilleure méthode de chant, déterminèrent l'établissement d'une institution spéciale.

Voici le premier acte officiel sur l'organisation de l'École royale de chant et de déclamation :

ARRÊT DU CONSEIL D'ÉTAT DU ROI

CONCERNANT L'OPÉRA

Du 3 janvier 1784

EXTRAIT DES REGISTRES

Le Roi, s'étant fait rendre compte de la nouvelle administration de l'Académie royale de Musique établie par arrêt de son conseil le 17 mars 1780, a reconnu la nécessité d'y faire quelques changemens; il a surtout paru à Sa Majesté que ce qui pourrait contribuer efficacement à donner, à un spectacle aussi intéressant pour le public, un nouveau degré de perfection, ce serait d'abord d'établir une école où l'on pût former tout à la fois des sujets utiles à l'Académie royale de Musique et des élèves propres au service particulier de la musique de Sa Majesté; en second lieu, d'exciter l'émulation des auteurs par des prix qui seraient adjugés aux meilleurs poèmes lyriques, etc. Ouï le rapport : Le Roi, étant en son conseil, a ordonné et ordonne ce qui suit :

ARTICLE PREMIER.

A compter du 1er avril prochain, il sera pourvu à l'établissement d'une école tenue par d'habiles maîtres de musique, de clavecin, de déclamation, de langue française, et autres, chargés d'y enseigner la musique, la composition et en général tout ce qui peut servir à perfectionner les différens talens propres à la musique du Roi et à l'Opéra, ainsi que le tout sera plus amplement expliqué dans le règlement qui sera fait pour déterminer les choix, les fonctions, les émolumens des différens maîtres, le nombre des élèves, et les qualités requises pour leur admission, leur traitement, et enfin la police intérieure de ladite école.

Cet article est le seul qui ait rapport à l'École de chant, qui n'était alors qu'une dépendance de l'Académie royale de Musique. Nous n'avons trouvé que dans l'Almanach des spectacles de 1784 les détails suivants :

On désirait depuis nombre d'années l'établissement d'une école de chant et de déclamation pour former des sujets pour l'Opéra. Cet établissement fut sollicité auprès du Roi par M. le baron de Breteuil.

M. de la Ferté, commissaire général de la maison du Roi, donna les soins les plus marqués à ce qui pouvait assurer le succès de cette école. Il assistait aux examens qui se faisaient tous les trois mois des dispositions et des progrès des élèves, à la suite duquel on lui présentait un état signé de tous les maîtres, pour être mis sous les yeux du ministre.

M. le baron de Breteuil, sur les représentations qui lui avaient été faites par M. de la Ferté, ne négligea rien pour y appeler des artistes honnêtes et distingués dans les genres différens qu'ils devaient y professer.

Voici le tableau du personnel dont se composait l'école au 1er avril 1784 :

Directeur général : GOSSEC.

Maîtres pour le Chant : PICCINI, LANGLÉ, GUICHARD, DE LASUZE.

Pour la Musique : RIGEL, SAINT-AMAND, MÉON.

Pour la Déclamation : MOLÉ, PILLOT, DE LASUZE.

Pour la Composition : RODOLPHE.

Pour le Clavecin : GOBERT.

Pour le Violon : GUÉNIN.

Pour la Basse : NOCHEZ.

Pour les Armes : DONADIEU.

Pour la Danse : DESHAYES.

Pour la Langue française, l'Histoire, la Géographie : ROSSEL.

Pour l'Accompagnement à la leçon de déclamation : GUÉNIN, premier violon ; ...., second violon ; NOCHEZ, pour la basse ; VION, pour le clavecin.

Supplément aux Maîtres de Musique : MOZIN, RIGEL fils, élèves de l'école ; PASCHAL TASKIN, facteur et accordeur de clavecin.

On n'admet à cette école que les jeunes gens des deux sexes ayant une belle voix et d'heureuses dispositions pour le chant, et qui tiennent à d'honnêtes gens qui répondent de leur conduite et de leur assiduité. L'ordre le plus sévère règne dans cette école, tant du côté du devoir que de celui de l'honnêteté et de la décence, et il n'y a aucune grâce que puisse espérer un sujet pour peu qu'il s'écarte de l'un de ces points.

Cette école, mal administrée, ne produisit pas tout le bien qu'on pouvait en attendre, et elle ne plaça sur nos théâtres que des gens sans goût, qui prirent les mauvaises habitudes de leurs prédécesseurs.

On pouvait donc prévoir la décadence de l'art, sans espérer la formation d'un Conservatoire. La révolution de 1789, qui a détruit ou créé un grand nombre d'établissements conduisit enfin à ce résultat.

Quarante-cinq musiciens, provenant du dépôt des gardes-françaises, formèrent, en 1789, le noyau de la musique de la garde nationale de Paris. Ils avaient été réunis au moment de la révolution par M. Sarrette, qui avait obtenu l'autorisation de M. de La Fayette, commandant général. Au mois de mai 1790, le corps municipal lui remboursa ses avances, et prit à ses frais le corps de musique, qui fut porté au nombre de soixante-dix-huit musiciens, pour continuer à faire le service de la garde nationale et celui des fêtes nationales. Dans le même temps, sur les pressantes invitations de M. Sarrette, plusieurs artistes recommandables se réunirent à ce corps. La garde nationale soldée ayant été supprimée au mois de janvier 1792, et la municipalité n'ayant plus de fonds pour cet objet, le corps de musique retomba à la charge de M. Sarrette ; mais la dissolution des maîtrises ayant entraîné la destruction totale de l'enseignement de la musique, M. Sarrette, au mois de juin de la même année, sollicita au nom des artistes, et obtint de la municipalité de Paris l'établissement d'une école gratuite de musique. Cette institution réunit et retint à Paris plusieurs artistes célèbres, qui, vers la fin de 1792, se disposaient à quitter le territoire français.

Cette école de musique ainsi formée fournissait, pendant la guerre, les corps nombreux de musiciens qu'exigeait une masse de quatorze armées. Le gouvernement, vu les services rendus par l'école, fixa les fonds nécessaires au traitement des professeurs.

Voici l'extrait du décret par lequel la Convention nationale, dans sa séance du 18 brumaire de l'an II, a adopté le principe d'organisation du Conservatoire, sous le nom d'Institut national de Musique :

Les artistes de la musique de la garde nationale, ayant à leur tête une députation du conseil général de la commune de Paris, sont admis à la barre.

L'Orateur de la députation. — Les artistes de la musique de la garde nationale parisienne, dont la réunion et le nombre présentent un ensemble de talens unique dans l'Europe, viennent solliciter de votre amour pour tout ce qui peut contribuer à la gloire de la république l'établissement d'un Institut national de musique. L'intérêt public, lié à celui des arts, doit vous faire sentir toute l'utilité de leur demande. C'est une justice due à leur civisme autant qu'à leur humanité. Les artistes, depuis dix mois, ont consacré leurs soins et leurs talens à former de jeunes enfans pris parmi les citoyens les plus pauvres de chaque section.

Chénier. — On sait combien jusqu'à présent la musique nationale s'est distinguée dans la révolution ; on sait quelle a été l'influence de la musique sur les patriotes, à Paris, dans les départemens, aux frontières : je demande donc qu'on décrète le principe qu'il y aura un Institut national de musique à Paris, et que la Convention charge le comité d'instruction publique des moyens d'exécution. (On applaudit.)

Cette proposition est décrétée.

Un des Musiciens. — Les citoyens qui vous ont parlé avant moi vous ont dit que la musique de la garde nationale était un établissement unique en Europe : ils ne vous ont rien exagéré. Nous vous inviterons à venir le jour de la troisième décade entendre parmi nous une exécution de musique. Vous entendrez vingt-quatre solos d'instrumens à vent, vous entendrez les élèves que nous avons formés depuis dix mois. Nous défions la république de dire qu'un seul musicien ait fait un acte incivique depuis la révolution. Nous fûmes persécutés par l'état-major de la garde nationale parce que nous avions assisté à la fête de Châteauvieux ; nous fûmes obligés de prendre des habits de couleur pour y aller. En montant la garde au château des Tuileries, on nous demanda des airs qui satisfissent l'aristocratie royale. Un jour, La Fayette, se promenant avec le ci-devant roi, nous engagea à jouer l'air *Où peut-on être mieux?* les musiciens s'y refusèrent, et jouèrent l'air *Ça ira.* (On applaudit.) Nous allons vous exécuter l'hymne composée par Chénier et mis en musique par le Tyrtée de la révolution, le citoyen Gossec, qui nous accompagne. (On applaudit.)

Le même Orateur. — Nos élèves demandent aussi à être entendus. Nos des-

potes, qui ne savaient pas tirer parti du génie français, allaient chercher des
artistes chez les Allemands. Il faut, sous le règne de la liberté, que ce soit chez
nous qu'on les trouve. (On applaudit.) Les élèves de la musique exécutent une
symphonie et l'air *Ça ira.* (Les applaudissemens recommencent.)

L'Institut national de Musique continua avec ses nombreux élèves de
faire le service des fêtes publiques et d'alimenter les corps de musique
militaire. Il servait d'asile aux talents, et les artistes tant nationaux
qu'étrangers qui n'en faisaient point partie y trouvèrent accueil et protection. Enfin, en l'an III, le comité d'instruction publique ayant réuni en
un seul corps, sous le nom d'Institut national des Sciences et Arts, les
Académies dispersées auparavant, il fallut prendre pour l'Institut de Musique une dénomination différente.

Le 10 thermidor. Chénier fit un rapport qui provoqua, quelques jours
après. le décret ci-après cité. Nous reproduisons ici les passages les plus
remarquables de ce rapport :

Chénier, au nom des comités d'instruction publique et de finances :

Citoyens représentans, peut-être il était courageux de venir plaider à cette
tribune la cause des arts consolateurs de la vie, quand l'ignorance orgueilleuse
et cruelle, ne pouvant dominer que par des moyens tyranniques, étouffait les
lumières, proscrivait les talens. et traitait d'objet frivole tout ce qui pouvait
adoucir les mœurs d'un peuple qu'on voulait rendre esclave et soumis, com-
mençant par le rendre despote féroce. Aujourd'hui que la mémoire de ces
dominateurs impies est livrée à l'opprobre, quand nous venons de célébrer
ce 9 thermidor qui a brisé les échafauds dressés par le despotisme anarchique.
c'est un devoir doux à remplir pour vos comités d'instruction publique et des
finances, et pour celui qui dans ce moment en est l'organe ; c'est, dis-je, un
devoir doux à remplir que de proposer à la Convention nationale, amie de la
république et des arts, l'organisation définitive d'un établissement que les arts
chérissent, et qui a bien mérité de la république.

Déjà, représentans, un décret rendu par vous et rendu même dans un temps
moins propice, ordonnait au comité d'instruction publique de vous présenter, dans
un court délai, des vues d'organisation pour l'Institut national de Musique dans
la commune de Paris ; mais ce décret bienfaisant était resté jusqu'à présent illu-
soire.....

Il est temps, sans doute, de venir au-devant d'une foule d'artistes distingués
qui sont restés en France pour l'illustrer et pour la servir, préférant leur patrie
agitée mais libre au calme et à l'opulence des cours qu'ils pouvaient embellir de
leurs talens. En effet, les despotes, fatigués d'une fausse grandeur, sentent le
besoin de se réfugier dans le sein des arts pour échapper à l'ennui pompeux qu
les environne et les accable.

Vos comités, fidèles au vœu formé par vous, viennent donc aujourd'hui vous
proposer d'organiser définitivement l'Institut central de Musique, car il a fallu
lui donner ce nom, d'abord en ce qu'il désigne mieux que tout autre l'objet de
l'établissement, et en second lieu parce qu'il empêche la confusion qui pourrait

résulter de la conformité de l'ancien nom avec celui d'un établissement beaucoup plus vaste qui vous est proposé dans le nouveau plan de constitution. Cet Institut central de Musique est déjà provisoirement organisé; il consistait uniquement, lors de son origine, en un corps de musiciens exécutans attachés à la garde nationale de Paris.

C'est ainsi que, depuis le fameux 14 juillet, ces artistes patriotes, sous la direction de Gossec pour la partie qui tient à l'art, n'ont cessé de concourir à l'exécution des fêtes nationales, indépendamment du service qu'ils remplissaient habituellement auprès du corps législatif. Sous cette bannière civique se sont rassemblés, à différentes époques, les premiers talens que la France possède dans l'art musical.

Je résiste au désir qui m'invite à les désigner publiquement, et je n'en cite aucun; car, pour être juste, il faudrait les citer tous. Qu'il me suffise de dire, et je ne crains pas d'être démenti par la France ni même par les étrangers, que, dans l'état actuel des choses, il n'existe point en Europe, soit pour la composition, soit pour l'enseignement, soit pour les différentes parties d'exécution, une aussi brillante réunion de talens précieux et d'artistes justement célèbres.

C'est de là que sont partis ces nombreux élèves qui, répandus dans les camps français, animaient par des accords belliqueux l'intrépide courage de nos armées..... C'est là qu'ont été inspirés ces hymnes qui ont fait l'ornement de nos fêtes, et qui excitaient encore dans la belle journée d'hier le juste enthousiasme de la Convention nationale.

Et tel est l'empire de cet art, de tous les arts le plus universellement senti, qu'il ne faut qu'une âme et des oreilles pour en jouir. Malheur à l'homme glacé qui ne connaît pas son charme irrésistible! malheur au législateur inhabile qui, prenant les hommes pour des abstractions, et croyant les faire mouvoir comme les pièces d'un échiquier, ne sait pas que la science de conduire les hommes n'est autre chose que la science de diriger leur sensibilité; que la base des institutions humaines est dans les mœurs, et que les beaux-arts sont essentiellement moraux, puisqu'ils rendent l'individu qui les cultive meilleur et plus heureux!

Si c'est une vérité pour tous les arts, combien est-elle évidente pour l'art musical! Orphée, sur les monts de la Thrace, soumettant les monstres des forêts au pouvoir de sa lyre; Arion échappant au naufrage; Amphion bâtissant des villes, toutes ces fables de l'antiquité, embellies par l'imagination des poètes, ne sont aux yeux du philosophe que de brillantes allégories qui retracent énergiquement l'empire très réel de la musique. Mais, si j'ouvre les annales de l'histoire, je vois la lyre de Timothée subjuguant Alexandre; les rustiques Spartiates proscrivant le commerce et les arts, à l'exception de la musique; ces mêmes Spartiates, vaincus plusieurs fois dans la guerre de Messénie, ressaisissant la victoire aux chants de l'Athénien Tyrtée.

Il n'a existé aucune nation sur la terre qui n'ait aimé cet art enchanteur : il est partout un instinct de la nature, un besoin de l'âme; on le trouve dans les camps et dans les forêts, dans les palais d'or des despotes de l'Orient et dans les pâturages de la Suisse et de la Sicile; il égaie la solitude, il charme la société, il anime à la fois la guerre et l'amour, la chasse et la vie pastorale. Le noir Africain transporté sur la rive américaine soulage ses travaux et son esclavage en chantant l'air que lui apprit sa mère libre; le robuste habitant de l'Europe septentrionale répète les hymnes de ses anciens bardes, et, se promenant dans la nuit, il croit entendre le long des montagnes la harpe et la voix d'Ossian.

L'enfant chante sur le sein de sa mère qu'il peut à peine nommer; l'impé-

tueux jeune homme chante au milieu des batailles ; le vieillard, réchauffant ses
derniers jours aux doux rayons du soleil, répète en pleurant la chanson qui fit
les délices de son enfance ; les femmes surtout, douées d'une sensibilité exquise
et supérieure à la nôtre, aiment passionnément la musique, qui, comme elles,
adoucit les mœurs, tempère la force par la grâce, rapproche et lie ensemble les
divers élémens de la société.

Ce bel art charme aussi l'étude, et la philosophie aime à lui sourire. Socrate,
avant de boire la ciguë, le cultivait dans sa prison ; Platon, qui connaissait son
pouvoir et sa moralité, le mêla à toutes les institutions de la république, comme
les ministres des différens cultes l'ont introduit, avant et depuis Platon, dans
toutes les cérémonies religieuses. Parmi nous enfin, ce sage et sublime écrivain
qui a prouvé par tant d'ouvrages que l'éloquence est l'arme la plus puissante de
la raison, et que la sensibilité n'exclut point la profondeur philosophique, Jean-
Jacques Rousseau, après avoir adoré toute sa vie cet art enchanteur auquel il a
dû même quelques succès, Jean-Jacques Rousseau, dans sa vieillesse, soupirait
encore ces simples romances qu'on ne peut chanter sans être attendri, et qui portent dans l'âme doucement émue la mélancolie qui tourmentait ses derniers jours.

Si donc cet art est utile, s'il est moral, si même il est nécessaire pour les
armées, pour les fêtes nationales, et, ce qui comprend tout, pour la splendeur de
la république, hâtez-vous, représentans, de lui assurer un asile. Déjà depuis vingt
ans les progrès rapides qu'il a faits parmi nous ont augmenté la gloire que la
France s'est acquise dans les beaux-arts ; l'Allemagne, l'orgueilleuse Italie, vain-
cues en tout le reste par la France, mais long-temps victorieuses en ce genre
seul, ont enfin trouvé une rivale.

Cependant nos fêtes nationales seraient inexécutables dans cette vaste commune, les corps de musique de vos armées ne se renouvelleraient plus, vos théâtres et leurs orchestres dépériraient, les musiciens découragés quitteraient nos
contrées ingrates pour chercher une rive hospitalière, l'art lui-même succom-
berait sous les attaques du vandalisme, si la sage prévoyance des législateurs ne
prévenait tous ces inconvéniens.

La suppression des écoles de musique et des musiciens attachés aux anciennes
cathédrales et aux chapitres a fait rentrer plus de quinze millions dans le trésor
public ; il est instant de suppléer à leur existence par un établissement plus
étendu, plus fertile en moyens d'enseignement et en moyens d'exécution, et dont
les dépenses annuelles ne se monteront pas à 260,000 fr.

Il sera glorieux pour vous, représentans, de prouver à l'Europe étonnée qu'au
milieu d'une guerre immense, vous savez encore donner quelques instans à l'en-
couragement d'un art qui a gagné des victoires et qui fera les délices de la paix.

Enfin une loi fixa définitivement l'organisation de l'École sous le nom
de Conservatoire de Musique.

CONVENTION NATIONALE

Séance du 12 thermidor an III

Chénier, au nom des comités d'instruction publique et des finances, reproduit,
à la discussion, le projet de décret sur l'Institut national de Musique.

Ce projet de décret est adopté en ces termes :

La Convention nationale, après avoir entendu le rapport de son Comité d'instruction publique, décrète :

Art. 1er. Le Conservatoire de Musique créé, sous le nom d'Institut national, par le décret du 18 brumaire an II de la république, est établi dans la commune de Paris pour exécuter et enseigner la musique.

Il est composé de cent quinze artistes.

II. Sous le rapport de l'exécution, il est employé à célébrer les fêtes nationales; sous le rapport de l'enseignement, il est chargé de former les élèves de toutes les parties de l'art musical.

III. Six cents élèves des deux sexes reçoivent gratuitement l'instruction dans le Conservatoire. Ils sont choisis proportionnellement dans tous les départemens.

IV. La surveillance de toutes les parties de l'enseignement dans ce Conservatoire et de l'exécution dans les fêtes publiques est confiée à cinq inspecteurs de l'enseignement, choisis par les compositeurs.

V. Les cinq inspecteurs de l'enseignement sont nommés par l'Institut national des Sciences et Arts.

VI. Quatre professeurs, pris indistinctement dans les artistes du Conservatoire, en forment l'administration conjointement avec les cinq inspecteurs de l'enseignement.

Ces quatre professeurs sont nommés et renouvelés tous les ans par les artistes du Conservatoire.

VII. L'administration est chargée de la police intérieure du Conservatoire et de veiller à l'exécution des décrets du corps législatif ou des arrêtés des autorités constituées relatifs à cet établissement.

VIII. Les artistes nécessaires pour compléter le Conservatoire ne peuvent l'être que par la voie du concours.

IX. Le concours est jugé par l'Institut national des Sciences et Arts.

X. Une bibliothèque nationale de musique est formée dans le Conservatoire; elle est composée d'une collection complète des partitions et ouvrages traitant de cet art, des instrumens antiques ou étrangers, et de ceux à nos usages qui peuvent par leur perfection servir de modèles.

XI. Cette bibliothèque est publique et ouverte à époques fixes par l'Institut national, qui nomme le bibliothécaire.

XII. Les appointemens fixes de chaque inspecteur de l'enseignement sont établis à 5,000 livres par an, ceux de secrétaire à 4,000, ceux de bibliothécaire à 3,000.

Trois classes d'appointemens sont établies pour les autres artistes. Vingt-huit places à 2,500 livres forment la première classe; 54 places à 2,000 livres forment la seconde classe, et 28 places à 1,600 livres forment la troisième classe.

XIII. Les dépenses d'administration et d'entretien du Conservatoire sont réglées et ordonnancées par le pouvoir exécutif d'après les états fournis par l'administration du Conservatoire; ces dépenses sont acquittées par le trésor public.

XIV. Après vingt années de service, les membres du Conservatoire central de Musique ont pour retraite la moitié de leurs appointemens; après cette époque, chaque année de service augmente cette retraite d'un vingtième desdits appointements.

XV. Le Conservatoire fournit tous les jours un corps de musiciens pour le service de la garde nationale près le corps législatif.

FORMATION

ENSEIGNEMENT *Professeurs*		EXÉCUTION	
Solfège.	14	Compositeurs dirigeant l'exé-	
Clarinette.	19	tion.	3
Flûte.	6	Chef d'orchestre exécutant.	1
Hautbois.	4	Clarinettes.	30
Basson.	12	Flûtes.	10
Cor, premier.	6	Cors, premiers.	6
Cor, second.	6	Cors, seconds.	6
Trompette	2	Bassons.	18
Trombone	1	Serpent.	8
Serpent.	4	Trombonnes.	3
Buccini.		Trompettes.	4
Tubæ corvæ	1	Tubæ corvæ.	2
Timbalier	1	Buccini.	2
Violon.	8	Timbaliers.	2
Basse.	4	Cymbaliers.	2
Contre-basse.	1	Tambours turcs.	2
Clavecin.	6	Triangles.	3
Orgue.	1	Grosses caisses.	2
Vocalisation.	3	Non exécutans employés à di-	
Chant simple.	4	riger les élèves chantans ou	
Chant déclamé.	2	exécutans dans les fêtes pu-	
Accompagnement.	3	bliques.	10
Composition.	7		
Total.	113	Total.	113

Sur le rapport du même membre, le décret suivant est rendu :

La Convention nationale, après avoir entendu le rapport de ses Comités d'instruction publique et des finances, décrète :

1. L'Institut national des Sciences et Arts n'étant pas organisé dans ce moment, les fonctions qui lui sont attribuées par la précédente loi appartiennent au comité d'instruction publique.

La Convention nationale nommera les cinq inspecteurs de l'enseignement d'après un rapport de son comité.

II. La musique de la garde nationale parisienne est supprimée par le présent décret ; les artistes qui la composent font partie du Conservatoire.

III. L'établissement connu sous le nom d'École de Chant et Déclamation est supprimé par le présent décret ; les artistes y professant la musique font partie du Conservatoire.

IV. Le comité d'instruction publique déterminera la liste des artistes qui devront composer les différentes classes du Conservatoire.

V. Les objets devant former la bibliothèque du Conservatoire en conséquence de l'article 10 de la précédente loi seront choisis dans le dépôt formé par la commission temporaire des arts, par une commission d'artistes musiciens dont le comité d'instruction publique nommera les membres.

VI. En considération des services rendus par la musique de la garde nationale dans l'exécution des fêtes publiques et dans la formation des élèves, ses membres recevront par forme d'indemnité une somme égale aux appointemens qu'ils ont reçus depuis le 18 brumaire an II de la république, époque du décret qui établit l'Institut national de Musique.

VII. La commission de l'instruction publique ordonnera sans délai l'établissement du Conservatoire de Musique dans le local dit des Menus-Plaisirs, déjà désigné par arrêté du comité de salut public.

A l'époque de la dissolution des maîtrises, l'enseignement de la musique allait partager leur sort : il ne restait en France que l'École de Musique de la garde nationale parisienne, et celle de Chant et de Déclamation dont on vient de parler. Le gouvernement ordonna la réunion de ces deux Écoles, et le Conservatoire de musique fut formé.

On conçoit facilement que beaucoup d'artistes atteints par la destruction des anciennes institutions se pressèrent autour du nouvel établissement et y demandèrent des places; mais le Conservatoire ne pouvait pas les réunir tous : dès lors il compta au nombre de ses détracteurs une grande partie de ceux qui ne furent point admis dans son sein.

Ces mécontents rallièrent à leur cause des esprits inquiets et ambitieux, qui craignirent que l'art ne fît des progrès et qu'il ne se formât des artistes qui partageassent avec eux les applaudissements : dès lors un système de calomnie fut dirigé contre le Conservatoire, qui devait faire avancer l'art et former des sujets pour les théâtres.

Au milieu des tracasseries et des intrigues dont on vient d'indiquer les motifs, cet établissement marcha constamment vers le but de son institution. Tous les membres donnaient à l'envi des preuves de zèle et cherchaient les meilleurs moyens de détruire les inconvénients de l'ancienne routine.

Mais laissons parler les faits : ce sont les nouveaux fruits de l'École régénératrice et conservatrice de la Musique qui doivent justifier la supériorité du mode d'enseignement qu'elle a adopté et réfuter victorieusement les sophismes et les calomnies de ses détracteurs. Depuis 1791 jusqu'en l'an V environ, le Conservatoire a fourni plus de quatre cents élèves pour le service des armées de la république; depuis cette époque, deux cent cinquante-sept de ses élèves ont été donnés aux théâtres tant de Paris que des départements : plusieurs d'entre eux y remplissaient les premiers emplois; dans ce nombre, vingt-cinq étaient employés à la formation de la musique de la garde des consuls; enfin soixante élèves du Conservatoire composaient cet orchestre connu sous le nom de Concert-Français, et dont l'exécution était applaudie par les artistes les plus célèbres[1].

Mais ce ne sont pas là les seuls fruits qu'ait produits cet établissement : il s'est peut-être occupé avec plus de succès encore de l'avenir que du présent. Des travaux qui ne pouvaient résulter que de la réunion des talents qui le composent furent terminés : ils eurent pour objet de poser les principales bases d'un corps d'ouvrages élémentaires pour l'enseignement de toutes les parties de l'art[2].

LE PETIT ORGUE DE TRIANON

En parlant du goût passionné de la reine Marie-Antoinette pour la harpe, nous aurions pu ajouter que l'orgue était aussi un de ses instruments favoris (p. XXVIII). On voit dans la chapelle Notre-Dame des Étudiants, à l'église Saint-Sulpice, un petit orgue, au chiffre de la reine, au buffet blanc et or, orné de sculptures du style Louis XV le plus pur. Placé d'abord dans un salon du Grand-Trianon à Versailles, puis, au Petit-Trianon, l'instrument a échappé aux scènes de vandalisme de la Révolution. Vendu à des brocanteurs de Paris, il devint la propriété de la confrérie de la Sainte-Vierge à Saint-Sulpice qui, en 1867, céda l'instrument à l'œuvre de Notre-Dame des Étudiants.

Cet orgue peut encore rendre de réels services : mais une restauration plus complète serait nécessaire pour lui donner toutes les ressources que lui méritent son origine et la distinction de sa main-d'œuvre.

L'ancien clavier, — celui qui, suivant la tradition, fut touché par le jeune Mozart et le vieux Gluck, — a dû être remplacé par les soins de M. Cavaillé-Coll, qui a ajouté au vieil instrument une *boîte d'expression*. Là s'est bornée une réfection qui s'imposait pour rendre l'instrument moins imparfait et d'un toucher plus agréable.

1. Origine de la Société des Concerts.
2. *Encyclopédie pittoresque de la Musique.*

TABLE DES MATIÈRES

IMPRIMÉ

PAR

GEORGES CHAMEROT

19, rue des Saints-Pères, 19

PARIS

DU MÊME AUTEUR

LES INSTRUMENTS A ARCHET A L'EXPOSITION UNIVERSELLE DE PARIS EN 1867. In-12. — *Paris*, JOUAUST, *Librairie des Bibliophiles*.

LES LUTHIERS ITALIENS AUX XVIIe ET XVIIIe SIÈCLES. In-18. — *Paris*, JOUAUST, *Librairie des Bibliophiles*.

LE MARIAGE DE LA MUSIQUE ET DE LA DANSE, 1664. — *Paris*, JOUAUST, *Librairie des Bibliophiles*.

LES INSTRUMENTS DES ÉCOLES ITALIENNES. Introduction et Notes sur les principaux maîtres. — *Paris*, GAND et BERNARDEL.

EXPOSITION UNIVERSELLE DE VIENNE EN 1873. — RAPPORT SUR LES INSTRUMENTS DE MUSIQUE A ARCHET, au nom de la Section française. — *Paris*, *Imprimerie Nationale*.

Paris. — Typ. G. Chamerot. — 24351.